결혼하는 마음

결혼하는 마음

하나님의 가정, 부부, 사랑에 관하여

한슬기

Thoughts on Marriage

구름이 머무는 동안

차례

프롤로그   결혼의 비밀

PART 1.
리시안셔스: 당신을 향한 내 마음이 점점 깊어집니다

그분의 손이 이끄시는 대로	015
과거의 익숙함을 되풀이하려 할 때	019
서로를 놓지 않기를	022
도망가고 싶을 때	024
혼자가 편해요	028
절망도 함께 겪기로 한 길	032
우리는 사랑할 능력이 없어요	035
나중에 후회하면 어쩌지?	039
신앙 있는 사람을 찾는 이유	042
내 안의 아이, 하나님 앞에 세우다	046
기도 제목에 배우자를 넣기 전에	050

PART 2.
마트리카리아: 당신의 모든 아픔을 함께 이겨 내고 싶습니다

가진 게 없으면 사랑은 사치인가요?	059
동거하고 싶은 진짜 속마음	063
고쳐야만 사랑할 수 있을까?	065
순종을 강요하지 않는 사랑	069
찬란했던 그가 변했다	072
사랑할 각오	075
사랑하고 싶은데 그게 잘 안돼서 화가 나요	078
하객들 사이로 걸어간다는 것은	080
완벽하지 않아도 괜찮다	083
사랑하기 위해 넘어야 할 것들	086
나의 밑바닥을 보여 주다	090

PART 3.
헬리오트로프: 내 마음은 언제나 당신만을 바라봅니다

온실에서 자란 화초, 비바람을 견딘 잡초	099
떠나야 합니다	102
나는 그를 구원할 수 없다	106
통제하고 싶은 유혹	109
내가 좋은 건, 너도 좋아할 거라는 착각	113
주고 있는가, 빌려주고 있는가	116
쉬어 갈 수 있는 곳	120
결혼과 돈, 그리고 믿음	122
그때 더 신중했더라면 나았을까?	125
결혼보다 중요한 것	128
나의 전부를 주고 싶다	131

PART 4.
피튜니아: 당신과 함께할 때 나는 편안합니다

정말 모든 걸 바칠 수 있는가	139
숨길수록 고통스러운	141
관계를 붙드는 힘	144
더 많이 표현하고, 더 다정하기로 결심하다	147
비로소 서로의 인생이 보이다	150
사랑인가, 비즈니스인가	153
외로움에 무뎌지다	156
언제까지 참아야 할까?	160
또 한 걸음 멀어질까 두려워	163
숨 쉴 틈을 주지 않는 그의 마음	166
약속을 깰 이유는 합리화되지 않는다	170

PART 5.
루드베키아: 당신과 함께하는 영원한 행복을 꿈꿉니다

분명한 것 한 가지	179
억울한 마음, 핑계대는 말	182
쾌락과 사랑 그 사이에서	185
결혼 전, 꼭 나눠야 할 이야기들	189
잘 싸우는 방법	192
결혼하면 변한다는데	196
측은함 그리고 고마움	199
맞지 않는 신발을 신고 걷다	201
불필요한 싸움을 걸다	204
너라는 우주를 발견하는 기쁨	207
결혼, 나를 알아 가는 시간	211

프롤로그

결혼의 비밀

하나님이 아담에게 모든 짐승과 새들을 데려다 주셨다. 아담은 그들에게 각 존재에 걸맞는 이름을 붙여 주었다. 그때 깨달았다. 이들 중에는 진정 자신의 짝은 없다는 것을. 그 순간, 고독이라는 결핍이 아담을 스쳤을지도 모른다.

그리고 마침내 자신과 같은 형상의 여자를 마주했다. 그의 입에서 터져 나온 감탄은 단순한 기쁨이 아니었다. 뼈도 살도 같은 존재를 만났다는 깊은 동질감, 이제 혼자가 아니라는 위로에서 오는 안정감과 소속감. 그녀는 그의 첫 사랑이자, 첫 친구였다.

인간은 홀로 살 수 없게 지어졌다. 삼위일체 하나님이 하나이시듯, 남자와 여자가 하나 되어 살아가도록 하신 것이 바로 결혼을 설계하신 비밀이다. 우리 안에 누군가와 하나 되고 싶은 갈망이 있는 이유는 우리가 '하나이신' 하나님의 형상을 따라 지어졌기 때문이다. 그 비밀은 크다. 하나님께서 우리를 신부 삼으시며, 사랑을 몸소 보여 주셨기 때문이다.

하나님은 자신의 영광과 사랑을 집약하여 나타내실 도구로 결혼을 선택하셨다. 그분은 여자를 만들어 아담에게 들이밀지도, 설득하지도 않으셨다. 다만 결혼이라는 비밀스러운 사랑의 삶으로, 우리를 조용히 초대하셨다.

이 책은 그 초대에 응답하려는 한 사람의 고백이자, 결혼이라는 신비 속에서 사랑을 배우고 있는 이들의 기록이다. 사랑을 시작했거나, 사랑을 다시 배우고 싶은 이들에게 조심스럽지만 정직한 걸음으로 이 이야기를 건넨다. 결혼을 '결심'이 아닌 '하나 됨의 여정'으로 받아들이는 이 길에 당신도 함께 걸어갈 수 있기를 바란다.

리시안셔스:

당신을 향한
내 마음이
점점 깊어집니다

PART 1.

그분의 손이 이끄시는 대로

가정이 작은 천국이 되기를 바랐다. 사랑이 넘치고, 기쁨이 머무는 곳. 상처도, 미움도 비켜 가는 그런 공간. 그 안에서 흘리는 눈물이라면, 아마 감동 때문일 것이라 믿었다.

온 힘을 내었다. 더 많이 사랑하려고, 더 잘해 보려고. 내가 옳다고 믿는 길을 따르며, 친절과 다정함을 놓치지 않으려 애를 썼다. 하지만 이내 알게 됐다. 인간의 죄성은 생각보다 훨씬 깊고, 세상은 생각보다 훨씬 거칠다는 것을.

노력해도 자꾸 넘어졌다. 주저앉은 나를 비웃듯 세상은 쉴 틈 없이 나를 몰아세웠다. 나만 고생하는 것 같았고, 안개처럼 막막한 현실 속에서 버둥거리는 나의 몸짓이 한없이 작게 느껴졌다. 전력을 다해도 제자리. 그마저도 뒤로 밀려나지 않으면 다행이었다.

그런 나에게 남은 선택은 단 하나, 예수 그리스도를 받아들이는 것이었다. 우리 가정을 다스릴 왕으로 그분을 인정하고, "너희가 믿느냐?" 물으실 때 "예" 하고 고백하는 것. 우리 가정의 주인이 내가 아님을 인정하고, 그 자리를 하나님께 내어 드리는 것. 그때부터 천국은 조용히 우리 안에 찾아오기 시작했다.

빛이신 그분은 우리의 어두운 구석까지 비추신다. 이기심과 열등감, 조급함과 불안, 화를 내고 싶어지는 순간들, 용서 대신 외면을 택하고 싶은 마음까지도, 그분의 손이 닿지 않는 곳은 어디에도 없다. 하나님의 열심은 결코 포기하는 법이 없으시다. '이 정도면 괜찮지' 싶어 멈추려 할 때도, 그분은 언제나 우리를 훌쩍 뛰어넘으셔서 더 멀리 데려가신다. 그분은 우리 가정을 완전히 바꾸어 놓으실 것이다.

때로는 그분을 이해할 수 없어, "여기만은 안 됩니다" 하고 버티는 날도 있으리라. 공들여 지은 방이 와르르 무너질 때도 있으리라. 결혼 전엔 미처 보지 못한 케케묵은 먼지를 발견하고 크게 실망할 수도 있으리라. 내가 감추고 싶었던 곰팡이 핀 방이 드러나고, 그 수치심에 숨어 버리고 싶어지는 날도 마주할 것이다. 그때마다 우리는 하나님의 말씀에 귀 기울이며, "예, 제가 믿습니다"라고 그분을 받아들이면 된다. 그것이면 충분하다. 하나님은 말씀을 통해 우리를 조금씩, 그러나 분명하게 변화시켜 가신다.

그분의 손이 이끄시는 대로 슬픔과 기쁨, 분노와 환희를 오가다 보면, 어느 순간 선명히 보일 것이다. 내가 꿈꾸었던 것은 그저 그럴듯한 집이었지만, 그분이 지어 가시는 집은 왕께서 거하실 궁전이었음을. 천국은 이미 우리에게 임하였음을.

나는 그저
그럴듯한 집을 꿈꾸지만
그분은 왕께서 거하실 궁전을
지어 가신다

과거의 익숙함을 되풀이하려 할 때

자녀는 부모의 등을 보고 자란다. 부모가 평소에 보여 주는 행동, 선택, 말투는 조금씩, 그러나 분명하게 아이의 내면에 스며든다. 특히 아들은 아버지를 통해, 딸은 어머니를 통해 가정에서의 역할을 자연스럽게 익혀 간다. 새로 꾸리는 가정에서도 비슷한 모양으로 살아간다. 그 모습이 익숙하기 때문이다. 그래서 어떤 가정에서 자랐는지를 보면, 그 사람의 결혼 생활을 짐작할 수 있다.

부부는 서로의 원가정에서 중요하게 여기던 가치들

이 무엇이었는지, 갈등을 어떻게 해결해 나갔는지 알 필요가 있다. 가족을 대하는 태도, 문제를 다루는 방식 같은 것들도 솔직히 나눌 수 있어야 한다.

하지만 상대를 끝없이 재고 판단하느라 마음의 문을 꽁꽁 걸어 잠그지 말아야 한다. 물론 누가 봐도 힘들어 보이는 결혼을 억지로 감당할 필요는 없다. 하지만 우리는 때때로 너무 까다로운 기준을 들이대며 서로를 재단하고, 스스로를 지키기에 바쁘다. 지레 겁을 먹고 웬만해선 마음을 잘 내어 주지 않는다. 지나친 방어는 우리를 사랑의 길에서 멀어지게 만들고 성장의 가능성을 가두어 버린다.

서로의 가정 환경을 알아 가는 것은 판단이나 점검이 아니라 더 깊은 이해로 가기 위한 관찰이 되어야 한다. 그럴 때 비로소, 우리 관계에도 성장이 찾아온다. 닮고 싶지 않았던 부모의 모습이 서로 안에 물들어 있어도 괜찮다. 그 순간이야말로 우리 관계의 생장점이 될 수 있다.

우리의 무의식은 과거의 익숙함을 되풀이하려 하지만, 우리는 그 익숙함을 거스를 수 있는 존재다. 우리는 더 이상 죄의 노예가 아니라 하나님의 자녀이기 때문이다. 그래서 우리는 대물림되는 죄의 고리를 끊고 악순환을 멈출 수 있다. 하나님은 우리에게 세상을 이기고도 남을 충분한 능력을 주셨다.

"하나님께 감사하리로다 너희가 본래 죄의 종이더니 너희에게 전하여 준 바 교훈의 본을 마음으로 순종하여 죄로부터 해방되어 의에게 종이 되었느니라 …… 그러나 이제는 너희가 죄로부터 해방되고 하나님께 종이 되어 거룩함에 이르는 열매를 맺었으니 그 마지막은 영생이라" (롬 6:17-18, 22).

서로를 놓지 않기를

성장에는 고통이 따른다. 피하고 싶지만 피할 수 없다. 힘들다고 멈춰 버리면 제자리만 맴돌 뿐이다. 관계도 마찬가지다.

우리는 유유히 흐르는 강물 같은, 깊고 안정적인 관계를 꿈꾼다. 하지만 전혀 다른 두 물줄기가 만나 하나의 강이 되기까지는 거센 부딪힘과 혼란의 시간이 필요하다. 예수님과 하나가 되는 길에도 어려움은 필연적으로 따르지 않던가. 그러나 고난은 인내를 낳고, 인내는 우리를 성숙과 거룩함으로 이끈다.

그러니 우리 사이를 뒤흔드는 수많은 환란과 시련을 있는 그대로 받아들이자. 그저 자기 연민에 빠져 도망치기보다, 남들의 동정에 안기기보다, 용기 있게 맞서 보자. 비록 어떤 날은 그저 버티는 것이 전부일지라도, 서로를 놓지만 않기를. 그날들을 지나야, 그렇게 견뎌 내야만, 날카로운 칼로도 베어 낼 수 없는, 물 같은 관계가 된다.

사니, 안 사니 싸우다가도 별거 아닌 걸로 금세 화해하는 사이. 나는 욕할 수 있어도 남이 욕하는 건 받아들일 수 없는 사이. 힘들 때뿐 아니라 기쁜 일이 생겨도 가장 먼저 생각나는 사이. 여전히 이해할 수 없어도 마음 한켠에 자리를 차지하고 있는 사이. 우린 그것을 가족이라고 부른다.

지혜를 구하는 자에게 넉넉히 주시는 하나님을 의지하며, 오늘 우리 앞에 놓인 계단을 한 칸씩 넘어가 보자. 그러다 보면 어느새 피 한 방울 섞이지 않았어도 물보다 진한 가족이 되어 가고 있을 것이다.

도망가고 싶을 때

외롭고 불안한 날, 고단한 현실이 벅차게 느껴질 땐 어디론가 도망치고 싶어진다. 기댈 곳만 있다면 숨이라도 쉬어질까 싶어, 결혼을 떠올리기도 한다. 하지만 이럴 때는 누구라도 나타나기만 하면, 어디로 가는지도 모른 채 휩쓸려 버릴 수 있다. 힘들다고 아무나 만나면 안 된다는 걸 알면서도, 그런 자신을 방치해 버린다. 그 나름의 살기 위한 몸부림이겠으나, 애석하게도 그것은 나를 위한 것도, 누구를 위한 것도 아니다. 그저 도망을 위한 도망, 탈출을 위한 탈출일 뿐이다.

목적 없는 출발은 결국 방향을 잃는다. 도망쳐 도착한 그곳에서도, 시간이 지나면 다시 불만이 고개를 든다. 그리고 그제야 알게 된다. 문제는 바깥이 아니라 내 안에 있었다는 것을. 버티지 못하는 나, 이런 것도 해내지 못하는 나, 어쩌면 그런 나를 마주할 용기가 없어서 계속 도망만 치는 걸지도 모른다.

물론 부족함을 채워 줄 누군가를 기대하는 것은 자연스러운 일이다. 인간은 혼자 살아갈 수 없도록 창조된 존재니까. 하지만 아무리 강하고 지혜롭고 너그러운 사람이라도, 결국 그도 나처럼 연약한 인간일 뿐이다. 나에게도 버거운 내 짐을, 다른 누군가가 대신 지고 언제까지고 버텨 줄 순 없다.

"나를 그만큼 사랑해 주는 사람을 만나면 되잖아." 우리는 왜 이토록 사랑에 이기적일까? 하지만 한쪽으로만 기울어진 사랑은 허술하게 지은 집 같아서, 작은 충격에도 쉬이 무너진다. 사랑은 착취가 아니다. 내가 받아들여지기를 바란다면, 나 역시 너를 기꺼이 품어 줄 수 있어야 한다.

그래도 상대의 어깨에 올려진 짐을 함께 감당할 자신이 없다고 느낄 때가 있다. 그때에도 우리에겐 찾아야 할 사람이 있다. 나의 슬픔과 고통을 아무리 쏟아 내도 끝없이 끌어안아 줄 바다 같은 사람. 아무리 흔들어도 단단히 서 있는 바위 같은 사람. 그런 사람이 정말 있을까? 사실 우리는 이미 알고 있다. 아무리 무거운 짐이라도 다 받아 주시는 분, 아무리 험하고 깊은 구덩이에서라도 끝내 건져 올리시는 분, 평생, 아니 영원토록 나의 손을 잡고 선한 길로 인도해 주시는 분, 그만큼 나를 사랑해 주시는 분, 바로 그 예수님이 언제나 우리를 기다리고 계시다는 걸.

"여호와여 내가 주께 피하오니 나를 영원히 부끄럽게 하지 마시고 주의 공의로 나를 건지소서 내게 귀를 기울여 속히 건지시고 내게 견고한 바위와 구원하는 산성이 되소서" (시 31:1-2).

그 무엇도 내가 피할 바위가 될 수 없다. 구원은 오직 예수님께 있다. 예수님께로 피하면, 더는 정처 없이 떠돌지 않아도 된다.

혼자가 편해요

누군가는 말한다. 결혼이라는 제도 자체가 잘못되었다고. 서로를 '평생 독점 계약'으로 묶어 놓으니 애쓰지 않아도 된다고 착각하고, 결국 관계가 망가진다는 것이다. 더 나아가 평생 한 사람만 사랑하겠다는 약속 자체가 비현실적이라면서, 괜히 사랑을 어렵고 복잡하게 만든다고도 말한다. 어차피 결혼은 비즈니스인 사회적 계약이니, 감정을 뺀 채로 대하는 것이 현명하다고도 한다. 어떤 이들은 특정 성별에 유리하거나 불리한 구조라며 비판하기도 한다. 그래서 결혼이라는 제도와 자신의 성향이 맞는지를 먼저 살펴보라고 조언한다.

그렇게 결혼은 더 이상 '필수'가 아닌, '선택'이 되었다. 도마 위에 올라간 제도 앞에서, 그리스도인들 역시 갈팡질팡하는 모습을 보이곤 한다.

'결혼이라는 관계가 과연 나를 지켜 줄 수 있을까?'
'오히려 나의 자유를 침해하고 속박하진 않을까?'
'행복보다는 불행, 유익보다는 손해가 더 클지도 몰라.' 이런 의구심, 두려움, 걱정들은 결국 나를 지키고 싶은 본능에서 나온다.

하나님을 떠난 가인은 자신을 지키려고 성을 쌓았다. 하나님을 믿지 않는 사람들은 자신의 이름을 드높이기 위해 바벨탑을 쌓았다. 하나님을 알지 못하는 사람들은 왕을 세우고 튼튼한 성벽으로 자신을 감쌌다.

그리스도인이라 말하는 나는, 지금 어떻게 하고 있

는가? 하나님이라는 크고 안전한 울타리 안에서 보호받으면서도, 여전히 내 손으로 성벽을 쌓고 있지는 않은가? 어찌하여 스스로 지키려고 애쓰고 있는가?

혼자 사는 삶은 분명 더 편하다. 연애만 하면, 다투더라도 진흙탕으로 빠지기 전에 관계를 끊으면 그만이다. 책임도 덜고, 실패의 잔해를 오래 껴안을 필요도 없다. 그저 나 하나 살아 내기에도 벅찬 세상에서, 타인을 위해 기꺼이 희생한다는 건 생각만 해도 쉽지 않다. '결혼이라는 관계 속에 굳이 나를 밀어 넣어야 할 이유가 있을까?' 이런 고민을 하는 것도 어쩌면 당연하다.

하지만 우리는 질문해 보아야 한다. "편하게 사는 것이 정말 우리가 지어진 목적일까?" 고작 그 이유 때문에 하나님께서 우리에게 새 생명을 주셨을까? 이스라엘 백성에게 약속의 땅을 허락하신 것도, 단지 편안함을 주시기 위해서였을까? 그랬다면 그들은 광야에서 그토록 오래 방황하지 않아도 되었을 것이다. 가나안에서 싸우지 않아도 되었을 것이다.

온 땅의 물줄기가 결국 바다로 모이듯, 하나님이 하시는 일들은 언제나 사랑이라는 원대한 목적을 향한다. 그렇다면 우리 삶도, 결혼도, 마땅히 사랑을 향해야 하지 않겠는가. 사랑은 불편함을 감수하고, 두려움을 몰아낸다. 이런 사랑이 과연 내 안에 있는가.

결혼을 반드시 해야 할 이유는 없지만, 피해야 할 이유도 없다. 중요한 것은 내가 그리스도인으로서 삶을 대하는 태도다. 하나님의 사랑이 내 안에 온전히 이루어지길 바라고, 그 사랑이 온 땅에 흘러가기를 소망하는 태도다. 그 마음으로 나의 삶을, 그리고 결혼을 다시 바라보자.

절망도 함께 겪기로 한 길

누구나 행복을 꿈꾼다. 행복하고 싶어서 애쓰고, 행복하고 싶어서 어려움을 견딘다. 하지만 길지 않은 인생길을 걷다 보면 우리는 이내 깨닫는다. 행복은 노력의 대가처럼 손에 쥐어지는 것이 아니라는 것을. 가파른 등산길을 오르다 불어오는 산들바람처럼 행복은 문득 다가오는 선물이라는 것을.

결혼도 그렇다. 결혼은 사막을 지나 만나는 오아시스도 아니고, 성실히 걸어온 인생에 대한 보상으로 펼쳐지는 꽃길도 아니다. 결혼은 우리가 도달해야 할 목적지가 아니다. 결혼은 그저 각자의 길을 걷던 두 사람이 이제 함께 걷기로 약속한 여정이다. 깨어지고 상처 입은 두 사람이 만나 서로를 감싸고 돕기로 결심한 길이다.

늘 행복하기만 한 인생이 없듯, 온통 행복만 가득한 결혼도 없다. 결혼은 산 정상의 환희도, 절벽 앞의 절망도 함께 겪기로 한 길이다. 아무리 지루하고 힘겨워도, 나 혼자서도 잘 살 수 있는 날이 와도, 결코 너를 놓지 않기로 한 약속의 길이다. 그래서 행복한 길이다.

우리가 바라는 행복한 결혼은 단지 만족감이나 안정적인 사회적 관계에 그치지만, 하나님께서 결혼을 통해 주시고자 하는 행복은 훨씬 더 깊고 본질적인 것이다.

보이지 않는 것을 믿는 믿음, 이루어질 수 없는 것을 바라는 소망, 그리고 모든 것을 하나로 묶는 사랑. 이 믿음, 소망, 사랑이 우리 안에 있을 때, 우리는 어떤 환경 속에서도 행복을 찾아 낸다. 코앞에 맞닥뜨린 불행의 소용돌이 속에서도 결국은 행복을 발견해 낸다. 그렇기에 결혼은 분명, 우리를 진짜 행복으로 이끄는 하나님의 도구다.

우리는 사랑할 능력이 없어요

사람을 만나다 보면, 잘 맞는 사람과 그렇지 않은 사람이 구분된다. 그리고 우리는 본능적으로 잘 맞는 사람에게 끌리고, 그와 점점 가까워진다. 그중에서도 평생을 함께하고 싶은, 미래가 그려지는 단 한 사람을 만난다는 건, 정말이지 선물 같은 일이다.

그래서일까? 이 특별한 만남 앞에서 우리는 종종 특별한 기대를 품는다. 말하지 않아도 서로를 알아차릴 수 있을 것만 같은, 완벽하게 맞는 짝일 것만 같은 기대 말이다. 그 기대는 행복한 미래를 꿈꾸게 한다.

하지만 그렇게 부풀었던 기대는 시간이 흐르고 서로의 속내가 선명히 보일수록 서서히 가라앉는다. 서로의 성향을 배우고, 다름을 인정한다고 해서 모든 갈등이 해결되는 건 아니다. 한 가지가 조율되는가 싶으면, 또 다른 갈등이 어김없이 고개를 든다.

갈등이 생기는 이유는 단순히 서로 '달라서'만은 아니다. 그것은 우리가 여전히 예수님을 닮아 가는 중이기 때문이다. 결혼을 통해 하나님이 우리에게 분명히 말씀하시는 건, 우리 안에 선한 것이 없다는 사실이다. 우리에게는 본래 다른 사람을 사랑할 능력이 없다. 물이 아래로 흐르듯, 우리의 본성은 자신에게만 몰두한다. 나를 위한 삶은 편하지만, 타인을 위한 삶은 고단하다.

하지만 하나님은 우리에게 오직 나만을 위한 삶이 아니라 남을 함께 돌보는 삶을 명하셨다. 사랑할 능력이 없는 우리가 무슨 수로 사랑하며 살 수 있을까?

그 답은 오직 주님께 있다. 사랑의 샘은 주님 안에 있다. 사랑이 우리를 통해 흘러가는 것은, 우리가 우리를 구원하신 하나님과 친밀하게 교제할 때에만 가능하다. 그러므로 결혼은 우리의 노력이나 성격이 아니라 우리가 예수님과 어떤 관계를 맺고 있는가에 달려 있다.

우리는 계속 싸워야 한다. '내가 노력하면 잘할 수 있다'는 교만, 하나님과의 교제를 소홀히 여기는 게으름, 은혜보다는 운에 기대려는 어리석음과 싸워야 한다. 그리고 오직 하나님 말씀에 귀를 기울여야 한다. 우리를 결혼이라는 관계 안에 두신 하나님이, 우리를 사랑을 주고받을 줄 아는 존재로 빚어 가실 것이다.

'내가 노력하면 잘할 수 있다'는
교만과 싸워야 한다

나중에 후회하면 어쩌지?

"이 사람과 과연 평생을 함께해도 될까?"
"나중에 후회하면 어쩌지?"
"만족스럽지 않은 삶을 마지못해 이어 가게 되는 건 아닐까?"

미래는 안개처럼 자욱하다. 우리는 그 안개 속을 조금이라도 들여다보고 싶어서 자꾸만 따지고 계산한다. '어떻게 해야 좋은 결혼을 할 수 있을까?' '도대체 무엇이 좋은 결혼일까?' 생각은 많아지는데, 오히려 그 생각들이 나를 붙들고 놓아 주질 않는다. 아무것도 하지 못한 채 제자리만 맴돈다. 나는 도대체 무엇이 두려운 걸까? 이 사람에 대한 불안함일까? 나 자신에 대한 걱정일까? 아니면 하나님을 향한 불신일까?

사실 아무도 미래를 알 수 없다. 그런데도 우리는 미래를 알 수 있을 것처럼 집요하게 묻고 따진다. 하지만 때로는 보이지 않는 미래일지라도 그 길을 함께 걸어가고 싶은 사람을 만난다. 믿어 주고 싶고, 믿음을 주고 싶은 사람을 만났을 때, 우리는 "확신이 든다"고 말한다. 그러나 누구를 만나도 불안이 가시지 않는다면, 그것은 어쩌면 내 안에 깊이 자리한 '불신' 때문일지 모른다.

불신은 아직 일어나지 않은 일을 미리 끌어와 걱정하게 만든다. 그 걱정은 결국 오늘을 살지 못하게 만든다. 불신이 낳은 염려는 우리 안에서 하나님의 말씀이 살아 역사하는 것을 막는다. "만일 너희가 굳게 믿지 아니하면 너희는 굳게 서지 못하리라 하시니라"(사 7:9).

그러니까 확신은 나에게서도, 너에게서도 얻을 수 없다. 우리가 이 땅에서 참으로 확신할 수 있는 단 한 가지는, 하나님의 사랑이다. 하나님은 우리에게 미래를 자세히 보여 주시지 않는다. 대신 그분이 어떤 분이신지를 보여 주신다. 그리고 우리가 그분을 신뢰하며 나아가길 원하신다.

계산으로 마주하는 미래에는 계산기가 따라다니기 마련이다. 후회하지 않으려는 마음이 계산기를 쥐게 하지만, 숫자가 조금만 틀어져도 후회는 여지없이 찾아온다. 아무리 많은 정보를 모아도, 아무리 완벽한 계획을 세워도, 결국 한 걸음 내딛기 전에는 알 수 없는 세계가 있다. 때로는 계산기를 내려놓고, 두려울지라도 발부터 내딛는 대담함이 필요하다.

"걱정하지 마, 내가 함께 있을게." 주님의 이 확신에 찬 음성이, 내 안에 용기를 심어 준다. 그 음성이 내 마음을 채울 때, 불확실한 미래도 담담히 걸어갈 자신이 생긴다.

신앙 있는 사람을 찾는 이유

신앙이 있다고 해서 무조건 좋은 사람은 아니다. 아무리 신앙심이 깊은 사람이라도 완벽할 수는 없다. 행함 없는 믿음은 오히려 큰 문제이기도 하다. 그럼에도 결혼 상대를 고민할 때, 많은 그리스도인이 "신앙 있는 사람을 만나야 한다"고 말하는 데에는 그만한 이유가 있다.

하나님을 향한 믿음은 미성숙한 우리를 성숙의 길로 이끈다. 신앙은 관계를 지혜롭게 대하게 하며, 나 자신이 피조물임을 아는 사람은 겸손함과 건강한 자아상을 지닌다. 사랑이신 하나님 안에 거하는 사람은 그 사랑으로 가정을 돌볼 줄 안다. 그리고 늘 하나님 앞에 서는 삶은 내면의 안정과 정직함을 소유한다. 말씀을 삶의 기준으로 삼는 이는 용서할 줄 알며, 인내하고 섬기는 관계를 배운다. 내적인 아름다움은 외적인 아름다움과는 비교할 수 없는, 독보적인 빛을 발한다. 재정도 청지기의 태도로 다루기 때문에 사치하거나 인색하지 않다.

하지만 '신앙 있는 사람'을 찾는 이유가 단지 더 괜찮은 사람을 얻기 위함이라면, 그것은 신앙이라는 이름을 붙인 자기 유익일지도 모른다. 더 멋진 사람, 더 완벽한 결혼을 위한 조건으로 신앙을 이용하는 것이라면, 그것은 세속적 조건을 따지는 것과 다를 바 없다. 어쩌면 우리는 그저 '더 괜찮은 나'를 완성하고 싶어서 신앙이라는 도구를 이용하고 있는지도 모른다.

물론 굳이 어렵고 힘든 길을 선택하라는 말은 아니

다. 여러 선택지 가운데 덜 힘들면서도 더 좋은 결과가 보이는 길을 고르는 건 지극히 현명한 선택이다. 그러나 그리스도인의 삶은 단순한 편안함이나 효율이 아니라 결국 '사랑'을 향한다. 하나님의 사랑이 내 안에 온전히 이루어지기를 소망하며 좁은 길이라도 의연히 걸어간다. 결혼이라고 해서, 결코 이 원리에서 벗어나지 않는다.

하나님의 사랑은 어렵다고 피하지 않는다. 후회할까 봐 도망가지도 않는다. 그 사랑은 골고다 언덕을 오르게 했고, 바울을 환란이 기다리는 예루살렘으로 향하게 했다. 사랑은 자기 유익을 구하지 않는다.

그러니 선택의 기로에 섰을 때, 자신에게 물어야 한다. "이 선택은 내 유익을 위함인가, 아니면 사랑으로의 선택인가?" 성령께서 마음을 비추셔서, 티끌만큼이라도 사랑이 아닌 것이 있다면 드러내 주시기를 구하라. 그리고 두려움보다 사랑을, 계산보다 믿음을, 머뭇거림보다 용기를 선택하라.

'신앙 있는 사람'을 찾는 이유가
단지 더 괜찮은 사람을 얻기 위함이라면
그것은 신앙이라는 이름을 붙인
자기 유익일지도 모른다

내 안의 아이, 하나님 앞에 세우다

아이는 미숙하다. 불편함을 참기 어렵고, 하기 싫은 일을 버텨 내기 힘들다. 속상하면 울고, 화가 나면 소리 지른다. 매사에 자기중심적이며, 세상을 '나'를 기준으로 이해한다. 부모는 그런 아이에게 옳고 그름, 자유와 책임, 권리와 의무를 가르친다. 아이는 그 가르침 안에서 경험을 쌓으며 조금씩 어른이 되어 간다. 감정을 건강하게 표현하는 법을 터득하게 되고, 세상은 더불어 살아가는 곳임을 깨닫는다. 책임과 배려를 알게 되고, 고통을 이겨 낼 힘도 생긴다.

하지만 나이가 들었는데도 내면은 여전히 어린아이에 머물러 있다면 어떨까? 내 입장만 이해받기를 바라고, 내 감정만 소중히 여긴다면 건강한 관계를 만들어 가기 어렵다. 삶을 주도적으로 이끌기보다는 기댈 누군가를 찾게 되고, 그 기대는 결국 기울어진 관계를 만든다.

어른의 가면을 쓴 채 아이로 남아 결혼을 하게 되면, 여러모로 힘들어진다. 배우자에게 부모 역할을 기대하거나 원가족에게서 독립하지 못한 채 갈등을 반복한다. 서로를 위해 희생하고 섬기는 마음이 부족하면, 결혼 생활은 점점 불편하고 고단하게 느껴진다. 감사보다는 불평이, 책임보다는 회피가, 대화보다는 비난이 일상을 채운다. 그런 관계 속에서 자녀를 성숙하게 양육하는 것도 당연히 어렵다.

내 안에는 아직 자라지 못한 아이가 있는가? 별거 아닌 일에 발끈하고, 쉽게 상처받고, 매사에 의존적이거나 반대로 과도한 죄책감과 책임감에 눌려 살아가는가? 이 또한 미성숙한 아이의 반응일 수 있다. 그 아이를 발견하고 성숙한 어른이 될 수 있도록 도와주는 것은 앞으로의 삶을 건강하게 만들기 위한 중요한 과정이다. 그래야 배우자와의 관계도, 자녀와의 관계도 제대로 세워질 수 있다.

어린 시절 우리는 마땅히 받아야 했던 것들이 있었다. 따뜻한 보살핌, 존재 자체로의 인정, 적절한 훈육과 관심. 그러나 그것이 채워지지 못한 채 자란 이들도 있다. 그 결핍은 내면에 깊게 새겨져, 어른이 된 지금까지도 따라다닌다. 어쩌면 우리의 '아이'는 듣고 싶었던 말을 듣지 못한 그날에 멈추어 있는 게 아닐까.

눈을 감고 다시 그날로 돌아가 보자. 결핍을 외면하지 말고 마주한 채, 그 자리에 계셨던 하나님을 바라보자. 그러다 보면 알게 될 것이다. 언제나 같은 자리에서 나를 비추던 태양처럼, 하나님은 늘 나를 향해 말씀하고 계셨다는 것을.

"괜찮아, 네 잘못이 아니야. 얼마나 힘들었을까? 많이 무서웠겠구나. 견뎌 주어서 네가 정말 자랑스럽다. 혼자 그렇게 애쓰지 않아도 돼. 조금 못 하면 어때. 있는 그대로의 너를 사랑한단다. 아주 많이."

아이의 눈물이 멈출 때까지, 들썩이던 어깨가 잦아들 때까지, 씩씩거리던 가슴이 차분해질 때까지 그 말들을 들려주자. 한 번 더, 그리고 또 한 번 더 스스로도 안아 주지 못했던 아이를 하나님의 넉넉한 품 안으로 데려가자.

그렇게 어른스러운 어른이 되어 가자. 성숙한 어른다운 사랑을 할 수 있도록.

기도 제목에 배우자를 넣기 전에

기도를 가르쳐 달라는 이들에게 예수님은 이렇게 말씀하셨다.

"세상에는 이른바 기도의 용사들이 가득하나, 그들은 기도를 모른다. 그들은 공식과 프로그램과 비결을 잔뜩 가지고서, 너희가 바라는 것을 하나님에게서 얻어 내는 방법들을 퍼뜨리고 있다. 그 허튼 소리에 속지 마라. 너희가 상대하는 분은 너희 아버지이시며, 그분은 너희에게 무엇이 필요한지 너희보다 더 잘 아신다. 이토록 너희를 사랑하시는 하나님 앞에서, 그저 단순하게 기도하면 된다.

너희는 이렇게 기도하여라" (마 6:7-13, 메시지성경).

그리고 예수님은 기도를 가르쳐 주셨다.

"하늘에 계신 우리 아버지여 이름이 거룩히 여김을 받으시오며 나라가 임하시오며 뜻이 하늘에서 이루어진 것 같이 땅에서도 이루어지이다 오늘 우리에게 일용할 양식을 주시옵고 우리가 우리에게 죄 지은 자를 사하여 준 것 같이 우리 죄를 사하여 주시옵고 우리를 시험에 들게 하지 마시옵고 다만 악에서 구하시옵소서 나라와 권세와 영광이 아버지께 영원히 있사옵나이다 아멘" (마 9:13).

과연 우리가 '배우자 기도'라고 부르는 그 기도는 예수님이 가르쳐 주신 이 기도와 닮아 있는가?

언제부터 기도의 자리가 하나님 앞에 계약서를 들고 나아가 내 인생을 흥정하는 자리가 되어 버렸을까? 물론 하나님은 그런 방식으로라도 나아오는 자들을 외면하지 않으신다. 계약서에 도장을 받기 위해 애쓰던 자들이 결국 하나님의 마음을 깨닫는 은혜를 입기도 한다.

그러나 그 은혜는 '계약서'를 잘 써서가 아니라 그것을 들고서라도 하나님 앞에 나아가 '기도했기'에 주어진 것이다. 기도는 흥정이 아니라 대화다. 그리고 그 대화의 목적은 하나님과 같은 마음을 품고 같은 생각을 하게 되는 데 있다.

결혼에 대해 기도하고 싶다면, 그 기도는 마땅히 결혼을 지으신 하나님의 뜻을 구하는 것이어야 한다. 하나님이 결혼을 통해 기대하시는 바를 묻고, 하나님이 기뻐하시는 가정이 어떤 모습인지 고민하는 시간이 되어야 한다.

나는 왜 기도하는가? 다가올 미래가 두려워서인가? 고난의 길로 들어설까 불안해서인가? 그 모든 마음을 싸 들고 하나님 앞에 나아가 펼쳐 놓자. 어지럽고 부끄러운 마음일지라도 귀 기울여 들어 주시는 주님께 감사하는 마음으로 묻자. 그리하면 모든 지각에 뛰어나신 하나님의 평강이 그리스도 예수 안에서 우리의 마음과 생각을 지켜 주실 것이다.

마트리카리아:

당신의
모든 아픔을
함께 이겨 내고 싶습니다

PART 2.

가진 게 없으면 사랑은 사치인가요?

가진 게 없으면 사랑도 사치라며, 돈이 있어야 결혼도 한다는 말이 냉랭하게 들렸다. 그것은 마치 오를 수 없는 벽 앞에 선 막막함 같았고, 덤빌 엄두조차 나지 않는 초라함 같았으며, 고개는 돌렸지만 차마 돌아설 수 없는 미련 같았다. 공허한 바람 소리처럼 들리는 웃음과도 닮아 있었다.

돈으로 마음도 살 수 있는 세상이라지만 마음의 가치가 이리도 떨어진 데는 수요가 공급을 넘어서 버린 탓이리라. 사랑을 받고 싶어 하는 사람은 많아졌는데, 사랑을 선뜻 내어 주는 이는 줄었으니 말이다. 상처를 감수할 용기는 메말라 가고, 눈에 보이는 것에만 확신을 두려는 옹졸함이 그 자리에 싹텄다.

애초에 사람의 마음이 돈으로 살 수 있는 것이던가. 팔지 않는 것을 돈으로 샀다면, 그것은 진품이 아니라 가품일 것이다. 그럼에도 우리는 가품일지라도 끌어안고 싶을 만큼 허기진 존재가 되어 버렸다. 무엇이 우리를 이토록 공허하게 만든 것일까?

돈 자체는 죄가 없다. 그러나 돈은 종종, 우리 안에 죄가 들어오는 길을 닦는다. 잃을 것이 없을 때는 선명하게 들리던 하나님 말씀이, 손에 쥔 것이 많아질수록 흐릿해지고, 자기 합리화의 늪으로 우리를 끌고 가지 않던가. 이미 가진 것보다도 가지지 못한 것에 더 마음이 쏠리지는 않던가.

돈은 문제의 본질을 흐리게 만든다. 하고 싶은 일과 할 수 있는 일 사이에서, 마땅히 해야 할 일과 해서는 안 될 일 사이에서 주저할 때, 우리를 괴롭게 하는 건 결국 돈이다. 삶의 많은 순간, 돈 걱정만 내려놓아도 정말로 중요한 것이 무엇인지 선명하게 드러난다.

돈 걱정은 나만 생각하게 만든다. 그 이기심은 사랑을 흘러가지 못하게 막는다. 유익이 없으면 믿음도, 사랑도 주지 못하는 상태에 이르게 한다. 예수께서 '무엇을 먹을까, 무엇을 입을까 걱정하지 말라' 하신 이유가 바로 여기에 있다. 걱정하는 삶에는 사랑이 끼어들 자리가 없다.

그럼에도 결혼 앞에서 돈의 존재감을 차마 지워 버릴 수 없는 것은 불확실한 미래 때문이다. 더구나 그 미래는 나 혼자 맞이하는 것이 아니기에 더욱 주저하게 된다. 달리 말하면, 그것은 책임감이다. 그러나 우리가 정말 책임져야 하는 것은 가정의 안위가 아니라 '하나님을 믿는다'고 고백한 우리의 신앙이다.

우리는 하나님의 택하심을 입은, 사랑받는 거룩한

자답게 살아야 한다. 그리고 내게 맡겨질 가정이 언제나 하나님 편에 설 수 있도록 해야 한다. 이것이야말로 우리가 감당해야 할 진짜 책임이다.

하나님께서 우리를 돌보신다. 우리는 이것을 진정 믿고 있는가? 그렇다면 돈은 우리가 용기 있게 오를 믿음의 길에 전혀 문제가 되지 않는다. 돈은 하나님의 자녀가 그분의 계명에 따라 사는 삶을 멈추게 할 수 없다. 돈에는 그럴 힘이 없다.

세상은 돈에 가장 높은 왕관을 씌우지만 우리는 영원히 썩지 않을 것에 마음을 둔 사람들이다. 예언도 사라지고 방언도 그치겠지만 사랑은 사라지지 않는다. 사랑이신 하나님은 결단코 우리를 버리지 않으신다.

동거하고 싶은 진짜 속마음

"한번 살아 보고 결혼해야 해. 연애랑 결혼은 다르니까. 같이 살아 보면 더 잘 알 수 있잖아. 안 맞는 부분이 있다면 결혼 전에 아는 게 낫지 않겠어?"

막힘없이 현명해 보이는 이 논리 뒤에는 종종 숨은 마음이 있다. 정말 서로를 더 알고 싶어서일까? 지금의 다정함이 어쩌면 가면일까 봐 두려운 건 아닐까? 몰랐던 모습이 드러나 서로를 상처 입힐까 봐, 끝내 맞춰지지 않아 지치게 될까 봐 걱정하는 건 아닐까? 그렇다면 이 마음은 궁금함이 아니라 불안에서 비롯된 불신일지도 모른다.

"살아 보고 결정하겠다"는 말은 결국, 아직 당신을 믿지 못하겠다는 뜻이다. 이 관계를 책임지기에는 마음이 준비되지 않았다는 고백이다. 그러나 사람은 평생을 함께해도 여전히 모를 수 있다. 나조차도 나를 다 알지 못하지 않는가. 그렇다면 도대체 얼마나 알아야, 서로를 온전히 내어 줄 확신이 생길까?

우리를 하나님께 이끈 건 해박한 지식이나 정보가 아니라 사랑이었다. 어떤 모습이든 받아 주시겠다는, 자녀답게 성장할 때까지 목숨 걸고 책임지시겠다는 그 사랑. 그 사랑이 내 견고한 벽을 허물었고, 나는 비로소 하나님을 알아 가기 시작했다.

그러니 결혼을 위한 조건은 정보가 아니라 사랑과 믿음이어야 한다. 사랑에서 시작된 믿음만이 보이지 않는 미래를 기꺼이 맞이하게 한다.

고쳐야만 사랑할 수 있을까?

"모르면 어때. 난 그 애를 풀어야 할 수수께끼라고 생각하지 않아." 사랑의 그릇이 유난히 커 보이던 그는 꼬치꼬치 캐묻던 사람에게 따끔한 일침을 놓았다. 곁에 있는 사람을 수수께끼처럼 파헤치는 게 네가 말하는 사랑이냐고 되묻는 듯했다.

우리는 가까운 사이일수록 더 알고 싶어 한다. 서로의 과거를 공유할수록 지금 이 순간이 더 단단해지는 기분이 든다. 때론 답답하다가도 나와 이렇게 다른 이유를 알게 되는 순간, 무릎을 탁 치며 마음이 풀리기도 한다. 더 알고 싶다는 마음은 관계를 단단하게 만들고, 안정적으로 자라게 한다.

하지만 그 마음이 지나칠 때가 있다. 알지 못함에 발을 동동 구르고, 안개 낀 막막함에 외로움을 느낀다. 이것은 곧 서운함과 분노로 번진다. 그럴 때 나는 스스로에게 묻는다. 정말 그가 궁금했던 것일까, 아니면 내가 들어설 틈을 찾고 있었던 것일까. 엉킨 실타래를 풀어 낸 다음, 내 뜻대로 그를 바꾸고 싶었던 건 아니었을까? '성장을 위함'이라는 그럴듯한 말로 포장했지만, 사실은 내가 감당할 수 있는 사람으로 고쳐 쓰고 싶었던 건 아닐까?

왜 오늘의 이 고장난 모습 그대로는 사랑할 수 없는 걸까? 고쳐야만 사랑할 수 있다는 마음은 어쩌면 사랑이 아닐지도 모른다.

하나님은 굳은살이 생긴 나를 있는 그대로 안아 주셨다. 죄의 흔적이 고스란히 남은 내 과거를 지우려

하지 않으셨다. 그저 그 흔적을 따라 그분의 사랑이 흘러가게 하셨다. 상처 난 꽃잎을 새것으로 바꾸지 않으시고 상처 난 그대로 아름답게 하셨다.

내 마음에 맞게 바꾸려는 건 사랑이 아니다. 너의 가시가 나를 찔러도 끝내 포기하지 않는 것, 그게 사랑이다. 이겨 내지 못한 슬픔 속에 함께 앉아 울어 주는 것. 무엇이든 해주겠다는 말 대신 지금의 너에게 힘이 되고 싶어서 고민하는 그 마음이 사랑이다.

서로를 고치는 일은 성령님의 몫이다. 우리가 할 수 있는 일은 단 하나, 사랑해 주는 일이다.

서로를 고치는 일은
성령님의 몫이다
우리가 할 수 있는 일은 단 하나
사랑해 주는 일뿐이다

순종을 강요하지 않는 사랑

하나님은 우리에게 순종을 강요하지 않으신다. 다만 자신을 끊임없이 보여 주시고 증명하신다. 우리가 알아들을 수 있는 언어로, 우리가 받아들일 수 있는 방식으로. 그래서 우리는 조금씩 알게 된다. 그분이 얼마나 믿을 만한 분인지, 그 사랑이 얼마나 든든하고도 깊은지를 말이다. 그 깨달음 속에서 믿음이 싹 트고 마침내 십자가의 자리까지 순종하게 된다.

부부 사이도 마찬가지다. "남편을 그리스도처럼 여기라"는 말씀은 무조건 복종하라는 명령이 아니다.

남편은 아내에게 제안하고 권할 수 있지만, 강제할 수는 없다. 하나님조차 나에게 하지 않으시는 일을 내가 누구에게 감히 할 수 있겠는가.

대신 자신을 보여 주는 일, 배우자가 이해할 수 있는 방식으로 다가가는 일이 필요하다. 그러려면 배우자를 관찰하고 배워야 한다. 그 과정에서 나의 선택이 정말 옳은 것인지 하나님 앞에서 점검해야 한다. 그리고 답이 올 때까지 기다려야 한다. 조급한 마음으로 배우자를 혼자 두고 떠나서는 안 된다. 하나님도 여전히 우리를 기다려 주고 계시지 않는가.

명확한 기준을 가지고 확신 있게 설명하면, 상대는 보통 바로 이해하지는 못해도 한 걸음 따라 나설 용기를 얻는다. 사실 배우자가 진짜 원하는 건 그 길이 옳은가보다 사랑의 확신일지도 모른다. 늘 자신을 먼저 배려해 줄 것이라는 믿음, 어떤 상황에서도 우리 관계는 안전하리라는 확신이다. 하나님의 명확하심이 우리를 억누르지 않고 오히려 편안하게 만드는 이유도 바로 그 사랑 때문이다.

모두에게 좋은 선택을 하기는 어렵다. 동쪽으로 가면서 서쪽으로도 갈 수는 없다. 하지만 사랑은 기어코 방법을 찾아 낸다. 때로는 절벽 앞에서도 함께 뛰어내릴 용기를 만들어 낸다.

부부에게 중요한 것은 멀리 가는 것도, 빨리 가는 것도, 높이 가는 것도 아니다. 그저 함께 가는 것이다. 하나님이 부부에게 명하신 것은 성과가 아니라 사랑이다.

찬란했던 그가 변했다

한여름, 그는 찬란했다. 넓은 그늘을 드리우는 나무 같았고, 단단한 바위 같았다. 하지만 계절이 바뀌자 잎은 지고, 눈과 바람은 가지를 얼려 버렸다. 그렇게 그도 변했다. 변하는 것이 이렇게나 위태로운 것이었던가. 따뜻한 그늘을 내어 주던 사람은 사라지고, 차가운 돌덩이만 남았다.

이렇게 변하는 사람을 믿어도 될까? 내 살을 파고드는 추위에 원망이 새어 나온다. 존경의 눈빛은 불안과 동정으로 바뀌었다. 그에게 더 이상 기대기 어려워졌을 때, 세상이 얼마나 불확실한 것들로 가득한지 보이기 시작했다. 내가 그에게 얼마나 많이 의지해 왔는지도 알게 됐다. 이제 우리는 어떻게 이 험한 세상을 함께 걸어갈 수 있을까?

교회가 그리스도를 따르듯 남편을 따르라 한다. 하지만 흔들리는 사람을 어떻게 믿을 수 있을까? 예수님은 믿을 수 있어도, 종종 넘어지고 고집을 부리는 이 사람은 믿을 수 없다. 그렇다면 내 마음은, 내 의견은, 누가 들어 주는가?

결혼이 예수님과 교회의 관계를 보여 준다면, 부부는 언약으로 맺어진 관계다. 계약은 손익을 따지지만, 언약은 신뢰와 사랑 위에 세워진다. 계약은 손해를 보면 끊어 버리지만, 사랑은 주저 없이 따라나선다. 그의 길이 아무리 험하고 멀어도, 죽음의 골짜기일지라도, 대답은 같다.

그를 따라나설 수 있는 이유는 그를 믿기 때문이 아

니다. 그와 나를 사랑하시는 예수 그리스도를 믿기 때문이다. 그분이 우리와 함께하시고, 보살피신다는 사실을 알기 때문이다. 그 사랑을 내가 받고 있기 때문이다.

아무리 멀리 가더라도, 가시덤불 절벽 아래로 떨어지더라도 그분은 반드시 오셔서 우리를 건져 내신다. 죽음까지 내려가셔서 승리하신 그분이 우리를 보호하신다. 진짜 안정감은 배우자나, 재산이나 능력으로부터 나오는 것이 아니다. 그것은 주님이 주시는 것이다.

사랑할 각오

한동안은 사랑받기 위해 애썼다. 내 성격이 이상한 탓일까? 매력이 부족한 탓일까? 스스로를 자꾸 깎아내리며, 무엇이 부족한지를 헤집었다.

"있는 그대로 사랑해 주는 사람을 만나야 해." 말은 쉽지만, 정말 그런 사랑이 존재할까? 생각해 보면, 나 역시 누군가를 있는 그대로 사랑할 자신이 없다. 못되게 굴고 자기 편한 대로만 행동하는 사람까지도 품을 수 있을까? 주지도 못할 사랑을 먼저 받으려고 하는 건 너무 이기적이다.

내가 기대하는 사랑이 무조건적인 것이라면, 나부터

그런 사랑을 줄 수 있어야 한다. 스스로를 있는 그대로 아끼는 일도 중요하지만, 그것이 곧 나만 아끼는 일이 되어서는 안 된다.

같은 방향을 바라보고 싶다면, 상대의 걸음이 달팽이 같을지라도 그 속도에 맞출 각오가 있어야 한다. 깊은 대화를 원한다면, 내 말을 잘 들어 줄 사람을 찾기보다 내가 먼저 귀를 기울여야 한다. 이해받기를 바라면서 정작 자신은 그럴 생각이 없다면, 아직 사랑할 준비가 되지 않은 것이다.

사랑이란, 받는 것보다 주는 쪽에 마음을 더 기울일 때 시작된다. 나비는 푸른 잎이 돋은 나무에 알을 낳는다. 애벌레는 그 잎을 먹고 자라며, 나무는 기꺼이 잎을 내어 준다. 그리고 꽃까지 내어 준 뒤에야, 비로소 나무에 열매가 열린다.

사랑도 그렇다. 기꺼이 내어 주는 지난한 과정 뒤에 열매가 맺힌다. 어떻게 사랑받을지를 고민하기보다 어떻게 사랑을 줄 수 있을지를 먼저 고민하라. 받을 준비만 하다 보면, 찾아왔던 나비조차 스쳐 지나간다. 그저 홀로 서서, 아무도 바라보지 않는 화려한 꽃만 외롭게 피우게 될지도 모른다.

사랑하고 싶은데 그게 잘 안돼서 화가 나요

사랑과 미움은 묘하게 닮아 있다. 온 마음이 그 사람으로 가득 차고, 그의 말 한마디, 손짓 하나에 감정이 요동친다. 생각만으로도 내 감정은 의지와 상관없이 오르락내리락, 얼굴은 울그락불그락. 도통 마음을 숨길 수가 없다. 왠지 모르게 자꾸만 떠오르고, 나도 모르게 표정과 말투가 닮아 간다.

그 사람 앞에서는 마음 깊숙한 곳까지 드러난다. 누구에게도 보여 주지 않던 민낯을 보여도, 이상하게 부끄럽지 않다.

닮아서 미워하고, 닮아서 좋아하고. 달라서 무시하고, 달라서 존경한다. 도무지 이해할 수 없어서 미워하다가, 도무지 알 수 없기에 관심이 간다. 너를 사랑하다, 너를 미워한다. 너를 증오하다가 어느 순간 네가 가련해진다. 애정일까, 애증일까?

너무 미운 건, 어쩌면 너무 사랑하기 때문일지도 모른다. 아니면 사랑하고 싶은데 그게 잘 안 돼서 화가 나는 걸지도 모른다. 가까워지고 싶은데, 그게 너무 어려워서 짜증이 나는 걸지도 모른다.

그러니까 얼마나 미워했든, 다시 사랑할 수 있다. 그만큼 네가 내게 깊이 들어왔다는 뜻이니까.

하객들 사이로 걸어간다는 것은

이윽고 아브라함이 약속 장소에 나왔다. 여호와께서 말씀하신 대로 제물을 준비해 반으로 가르고, 마주 보게 놓았다. 별안간, 하나님은 아브라함을 깊이 잠들게 하셨다. 그가 눈을 떴을 때, 언약식은 이미 끝나 있었다.

피 흘린 짐승들 사이, 그 길을 하나님께서 홀로 지나가셨다. 하나님은 아셨다. 우리는 이 약속을 끝내 지키지 못하리라는 것을. 그러니 자신이 홀로 지키시겠다고 맹세하신 것이다.

"너는 내 백성이 되고 나는 네 하나님이 되리라. 이 약속이 깨진다면 나는 이 제물들처럼 반으로 쪼개짐을 당할 것이다."

우리는 어김없이 약속을 깨뜨렸다. 그 대가를 예수님이 치르셨다. 십자가에서 찢기고 흘리신 살과 피로 하나님은 언약을 지키셨다.

결혼식 날, 하객들 사이로 길게 뻗은 길을 신랑이 먼저 걸어간다. "이 약속이 깨진다면, 나는 죽음을 택하겠습니다." 그 뒤를 신부가 따라 걷는다. "나도 목숨을 다해 이 약속을 지키겠습니다." 신부의 아버지는 딸의 손을 잡고, 그 손을 신랑에게 건넨다. "너의 약속을 믿는다. 이제 내 딸을 너에게 맡긴다." 그 길 끝, 제사장이 서 있다. 앞에 놓인 케이크와 포도주는 두 사람의 살과 피다. 그것을 나누며 둘은 언약을 맺는다. "우리는 이제, 부부가 되었습니다."

결혼은 단지 낭만의 절정이 아니다. 두 사람의 언약

은 예수님과 교회의 언약을 상징한다. 예수께서 목숨 다해 교회를 사랑하셨듯, 교회는 모든 것을 다해 예수님을 섬긴다. 그 사랑을 따라가는 관계, 그것이 부부다. 사랑을 약속하는 마음, 그 약속을 지켜 가는 마음이 어떤 것인지, 우리는 결혼 안에서 비로소 배워 간다.

네가 배부르면 내 허기는 잊히는 마음. 미움과 서운함이 쌓여도, 한마디 진심에 녹아내리는 마음. 지치고 무너져도, "그래도 살아야지. 나라도 너를 지켜야지" 하고 일어나는 마음. 그 마음은 하늘 아버지의 소망이고, 신부를 향한 예수님의 일편단심이다.

결혼 안에 숨겨진 그 마음을 알게 되는 것. 그 사랑을 조금씩 배워 우리 안에 그 사랑을 담는 것. 그것이 하나님이 우리에게 결혼을 선물하신 이유 아닐까.

완벽하지 않아도 괜찮다

정교하게 만들어진 톱니바퀴처럼, 완벽하게 들어맞는 두 사람이라면 어떨까? 마치 처음부터 서로를 위해 준비된 것처럼, 삶의 모든 여정이 결국 이 만남을 향해 흘러온 것이었다고 말할 수 있다면 말이다.

하지만 아무리 잘 맞는 톱니바퀴도 기름칠 없이 방치하면 결국 녹슬고 만다. 사소한 불편에도 귀를 기울이고, 마모된 마음에는 다시 기름을 칠하며, 작은 고장의 징후도 놓치지 않는 부지런한 손길이 있어야 한다. 모든 관계는 노력 위에 서 있다.

우리는 때로 너무 작은 문제조차 마주하기를 두려워한다. 있는 그대로를 받아 주는 사람만을 원한 채, 삐뚤빼뚤한 모습은 그대로 둔다. 그러나 하나님은 우리를 '있는 그대로' 사랑하시되, '있는 그대로' 내버려 두시지는 않는다. 그분은 티끌만 한 죄도 눈감지 않으시며, 우리를 정금처럼 빚어 내기까지 포기하지 않으신다.

하나님의 사랑으로 사랑한다는 것은, 진리와 자비가 팽팽히 맞서는 길을 걷는 것과 같다. 너른 품으로 연약함을 품되, 서로가 그리스도를 닮아 가도록 이끄는 용기가 있어야 한다. 한없이 용서하면서도, 완악함을 위해 기도하며 기다리는 끈기가 필요하다.

결혼은 완벽한 두 사람이 만나 더 완벽해지는 일이 아니다. 불완전한 둘이 서로를 위해 자신을 기꺼이 내어 주며, 마침내 맞물리며 알맞은 모양을 찾아가는 과정이다. 도취보다 성숙, 설렘보다 성장이다. 그 깊은 기쁨이야말로 사랑의 열매다.

나를 통해 자라난 당신, 당신을 통해 한 뼘 커진 나, 우리를 통해 흘러가는 선한 영향이 있을 때, 우리는 빛나는 감정을 만난다. 함께 미숙함을 이겨 낸 부부에게는 끈끈한 연대감이 깃든다. 측은함과 대견함, 고마움과 미안함이 서로를 더 깊이 붙든다.

어긋남 속에서도 손을 놓지 않기를. 조율에 실패할지라도 끝까지 함께 가기를. 하나님이 우리를 만들어 가고 계시니, 그분을 따라 끝까지 걸어가 줄 수 있기를. 삶의 고비마다 기다리고 있을, 작고 단단한 행복을 함께 찾아 낼 수 있는 부부가 되기를 소망한다.

사랑하기 위해 넘어야 할 것들

상대가 하고 싶은 대로 하게 두는 것, 그것이 내 사랑의 방식이었다. 간섭하지 않고, 잔소리하지 않고, 내 의견을 내기보다 너의 취향을 따랐다. 그것이 너에게 좋은 것이든 나쁜 것이든, 너를 가장 잘 아는 사람은 너일 테니, 판단은 네 몫이라고 생각했다.

그래서 나는 너의 울타리를 넘보지 않았다. 그 안에 무엇이 있는지 알려고도 하지 않았다. 너에게 내가 필요한 부분, 그 이상은 넘지 않는 것이 예의라 여겼다. 나는 너에게 자유를 주고 싶었다. 누구의 눈치도

보지 않고 쉴 수 있는 자유, 누구에게도 간섭받지 않고 자기 마음대로 선택할 수 있는 자유. 그래서 내게 다가오는 너를 들쳐 안아 매번 멀찍이 앉혀 두었다. 여기까지는 네 삶, 여기부터는 내 삶. 그러면 너도 행복할 줄 알았다.

"내가 남이야?" 이 말이 나를 멈춰 세웠다. 각자 누리는 자유는 과연 사랑일까? 무료한 일상이든, 숨 돌릴 틈 없는 불구덩이든 함께 들어가, 같이 아파하고 같이 견디며 살아 내는 것이 더 사랑에 가까운 건 아닐까? '부딪히기 싫다'는 핑계로 만들었던 거리는, 사실 내 자유를 지키고픈 이기심은 아니었을까?

부딪히지 않을 만큼의 거리는 평화로울 수 있다. 하지만 가까워지지 않으면 결코 알 수 없는 세상이 있다. 그 세상이 바로 내가 사랑하는 너라면, 나는 더 높은 울타리라도, 견고한 성벽이라도, 가시덤불이라도 기꺼이 넘었어야 했다. 예수님이 나에게 그렇게 오시지 않았던가.

그분은 하늘 보좌를 버리고 거칠고 험한 내 세상에 들어오셨다. 나와 함께 배고프셨고, 내 옆에서 함께 우셨다. 내가 곁길로 빠지려 할 때는 나를 붙잡아 바른 길로 이끄셨다. 내 울타리를 넘기 위해 자신의 목숨까지 내어 주셨고, 사망의 음침한 골짜기에서도 함께하시며 빛의 지팡이가 되어 주셨다. 이것이 우리가 받은 사랑이다.

네 세상에 들어가야 너를 알 수 있다. 그래야 진짜 사랑할 수 있다. 이제는 나만의 자유를 떠나 너에게로 가야 한다. 너와 함께 누릴, 우리의 자유로운 삶을 향해서.

부딪히지 않을 만큼의 거리는
평화로울 수 있다
하지만 가까워지지 않으면
결코 알 수 없는 세상이 있다

나의 밑바닥을 보여 주다

가만히 있어도 어색하지 않은 사이가 좋다. 말이 없어도 편안하고, 함께 있는 것만으로도 즐거운 사이가 좋다. 억지로 맞추려 애쓰지 않아도 자연스럽고, 꾸미지 않아도 그 모습 그대로 사랑스러움을 알아봐 주는 사이가 좋다. 무언가 대단한 걸 해 내지 않아도 두텁게 믿어 주는 사이가 좋다.

약간의 긴장감은 설렘을 주지만 늘 불편함이 가시지 않는 관계는 깊어지지 못한다. 서로 좋은 모습만 보여 주려고 애쓰다 보면 관계는 아슬아슬한 줄타기가 된다. 자존심 때문이든, 거절에 대한 두려움 때문이든 약한 모습을 감추기만 한다면 그 이상 나아갈 수 없다. 내가 아닌 모습을 좋아해 준다면, 그가 좋아한 건 결국 내가 아닌 허상일 뿐이다.

몸도 약한 곳부터 아파오듯, 내면의 약함은 관계에 마찰을 일으킨다. 우리는 어쩌면 그 마찰이 두려워 약함을 숨기고 못난 구석을 가리려 애쓰는지도 모른다. 하지만 갈등이 있어야 드러나는 마음이 있다.

갈등은 우리를 휘저어 숨겨졌던 자아를 끌어올린다. 멀쩡한 척 잠잠하던 내면이 제어 장치가 풀린 듯 요동치고, 흉한 찌꺼기들이 모습을 드러낸다. 서로를 공격하고 상처 입히며 관계를 절벽 끝까지 몰고 간다. 그러고는 묻는다. "그럼에도 이 관계를 이어 가겠느냐"고.

이 정도 갈등도 견디지 못할 마음이라면, 멀리 내다볼 것 없이, 그저 거기까지인 것이다. 갈등은 우리 안에 무엇이 있는지 적나라하게 보여 준다. 가지고 싶었던 건지, 자랑하고 싶었던 건지, 아니면 정말 사랑했던 건지를.

하나님이 보여 주신 사랑은 그럼에도 손을 놓지 않는 사랑이다. 약함을 안아 주고, 부족함을 보듬으며, 대가를 치러야 할 때는 기꺼이 자신을 내어 주는 사랑이다. 밑바닥을 보고도 안을 수 있는 사랑, 그 사랑은 반짝이는 모습에 이끌린 마음보다 훨씬 견고하다. '그럼에도' 남아 있는 사랑 위에 깊은 신뢰가 쌓인다.

그런 믿음 위에서야 비로소 우리 사이는 편안해진다. 말하지 않아도 통하는 사람, 함께 있는 것만으로도 숨통이 트이는 사람, 서로에게 그런 존재가 되어 간다.

헬리오트로프:

내 마음은
언제나
당신만을 바라봅니다

PART 3.

온실에서 자란 화초, 비바람을 견딘 잡초

장점의 이면에는 언제나 단점이 따라온다. 털털한 사람은 세심하지 못하고, 꼼꼼한 사람은 예민하다. 과묵한 사람은 진중하지만 때로 답답하고, 말이 많은 사람은 말만 앞설 때가 있다. 무던한 사람은 우유부단하고, 개성이 뚜렷한 사람은 조화롭기 어렵다. 정이 많은 사람은 자주 손해를 보고, 냉철한 사람은 욕을 먹기 쉽다.

똑부러지는 사람은 자기주장이 강하지만, 순종적인 사람은 스스로를 잘 믿지 못한다. 목표 지향적인 사람은 효율적이지만 소소한 낭만을 놓치기 쉽고, 낭만을 중시하는 사람은 경쟁이나 성취에는 무심하다.

온실에서 자란 화초는 섬세하고 아름답지만 환경 변화에 약하고, 비바람을 견딘 잡초는 질기고 강인하지만 거칠다. 빛이 비추면 반드시 그림자가 생기듯, 장점이 눈부실수록 단점이라는 그늘도 짙어진다.

그러니 이것도 잘하고 저것도 완벽하길 바라는 건 애초에 불가능한 욕심이다. 우리는 왜 완벽할 수 없다는 걸 알면서도 만족하지 못할까? 왜 자꾸 부족한 점만 눈에 밟힐까? 혹시 하나님께 향해야 할 완전함에 대한 갈망을 사람에게 투영하고 있는 건 아닐까? 그건 어쩌면 또 다른 우상을 세우는 일일지 모른다.

장점과 단점은 한 쌍이다. 단점을 없애면 우리가 사랑하던 그 장점도 함께 사라진다. 그러니 이렇게 말해 보자. "네가 손해보는 건, 너무 착하기 때문이야." "네가 때로 인색해 보일지 몰라도, 그건 알뜰하고 책임감 있는 성격의 또 다른 얼굴이야." 어두운 면보다 밝은 면을 바라보는 일. 그건 현실을 외면하는 게 아니라 감사하는 법을 배우는 것이다.

그림자만 바라보면 언젠가 시야는 온통 그늘로 뒤덮인다. 하지만 밝은 면을 바라보기 시작하면 그 사람은 더욱 빛나기 시작한다. 그렇게 서로의 단점까지 안아 줄 수 있는, 조금 더 여유롭고 단단해진 사이가 되기를.

떠나야 합니다

효자라서, 효녀라서 갈등이 생기는 것은 아니다. 정말 문제는 정서적, 사회적, 경제적으로 떠나지 못한 것이다. 각자의 부모에게서 떠나지 못하면, 둘만의 울타리는 자라지 못한다. 한쪽 발이 여전히 부모에게 있다면 부부는 갈등이 생길 수밖에 없다. 부모를 챙기느라 자기 삶을 놓쳐 버리는 것 또한 아직 독립하지 못한 것이다.

독립은 단절이 아니다. 모르는 사람처럼 지내는 것도 아니다. 서로 다른 삶의 리듬을 존중하는 것이다.

서로 다른 공동체로서 존재하는 것이다. 이것이 건강한 거리다. 같은 상황에서도 다르게 느끼고, 다르게 생각하고, 다른 선택을 할 수 있음을 자연스럽게 받아들이는 것이다. 필요할 땐 서로 손을 내밀 수도 있지만, 내 선택에 대한 책임은 내가 진다. 이것이 떠난 이가 맺는 사랑의 방식이다.

때로 물리적인 거리를 두는 것도 도움이 된다. 같이 사는 것과 옆집에 사는 것은 엄연히 다르다. 하지만 이보다 중요한 것은 내 안에 남아 있는 익숙한 세계로부터의 이별이다. 매일 전화를 걸어 사소한 일까지 부모에게 묻는다면, 그건 다른 나라에 살아도 떠나온 것이 아니다.

경제적 독립은 눈에 띄지만 정서적 독립은 잘 보이지 않는다. 때로는 '효'라는 이름이 나를 떠나지 못하게 하고, 이미 떠난 부모가 남긴 말들이 여전히 나를 붙잡아 둔다.

아늑했던 방을 나와야 한다. 햇볕 아래서 피부를 태우고, 서늘한 바닥에 발을 디뎌야 한다. 해산에는 고통이 따른다. 껍질을 깨뜨려야 비로소 생명이 나온다. 오래도록 붙어 있던 관계에서 떨어져 나오는 일, 그건 상처이자 성장이다. 그러니 아파도 괜찮다. 그 아픔을 지나야 비로소 내가 된다.

부모를 사랑하면서도 자신의 가치관을 갖고, 부모를 공경하면서도 서로 다른 경계를 지킬 줄 아는 사람이 사회 속에서도 독립된 존재로 선다. 결혼은 선택이지만 독립은 필수다.

우리는 부모를 선택하지 못했고 너무 어릴 때부터 부모에게 많은 영향을 받았다. 하지만 이제는 매인 줄을 풀어야 한다. 둥지를 벗어나야 할 때다. 그래야만, 우리를 위한 새 울타리가 세워진다. 둘이 먼저 하나의 공동체가 될 때, 부모에게도, 자녀에게도, 그리고 세상에게도 더 좋은 사랑을 건넬 수 있다.

독립은 단절이 아니다
모르는 사람처럼 지내는 것도 아니다
서로 다른 삶의 리듬을 존중하는 것이다

나는 그를 구원할 수 없다

나마저 떠나면 당신은 어떻게 될까. 모든 걸 잃은 당신 곁에 겨우 나 하나 남아 있는데. 당신이 그렇게 나쁜 사람은 아니라는 걸 나는 안다. 조금만 더 견디면, 조금만 더 기다려 주면 괜찮아질지도 모른다고 나는 믿고 싶었다.

당신에게 힘이 되고 싶었다. 내 한 몸, 내 인생 전부를 몽땅 써서라도 당신이 다시 일어날 수 있도록 돕고 싶었다.

평생 원하는 걸 갖지 못하고 살아온 당신에게 이제라도 무엇이든 원하는 건 다 갖게 해주고 싶었다. 억울함과 분노로 뒤덮인 마음이 가여워서 풀릴 때까지 하고 싶은 대로 하게 내버려 두면 언젠간 괜찮아질 거라고 믿었다. 나 하나쯤 멍들고, 망가져도 괜찮다고 생각했다. 당신이 만족할 수 있다면 말이다. 나는 그저 당신을 구원하고 싶었다.

당신이 언제부터 늪에 빠졌는지, 무엇이 당신을 그곳으로 끌고 갔는지 나는 모른다. 하지만 분명한 건, 당신의 처지를 아는 사람은 많지 않았고, 도우려는 사람은 더욱 없었다. 오직 나뿐이었다. 나만이 당신을 발견했고, 도울 수 있고, 도우려 했던 사람이었다.

그런데 왜인지, 당신의 손을 잡은 이후로 나도 함께 늪으로 빠져들었다. 아무리 애써도 계속 아래로, 더 아래로 잠겨 갔다. 숨이 턱 끝까지 차오르고 나서야 나는 비로소 보았다. 당신은 살기 위해 내 어깨를 디뎠을 뿐이고, 늪을 벗어날 마음은 없으며, 단지 또 다른 어깨를 찾고 있다는 것을 말이다. 그리고 나에게는 당신을 구원할 힘이 없다는 것을 알게 되었다. 그제서야 기도가 터졌다. "주여, 나를 구원하소서. 그를 구원하소서. 우리를 불쌍히 여기소서."

그의 손을 놓아야 했다. 그의 손을 놓고 주님의 손을 잡아야 했다. 같이 죽을 것인가, 나라도 살 것인가? 나는 왜 그의 목숨은 귀히 여기면서 내 생명은 하찮게 여겼는가? 그의 상처에는 아파하면서 내 상처는 외면했는가?

내 생명은 그를 구하는 데 쓸모없다. 하지만 티끌 하나 없으신 예수께서 죽으셔야 했을 만큼 값진 생명이다. 그러니 살아야 한다.

그를 버리는 것이 아니다. 그도 주님의 손을 붙잡을 수 있도록 내 손을 비워 주는 것뿐이다. 우리를 구원하실 수 있는 오직 한 분, 예수께 그를 맡기자. 그리고 나도 그분에게 맡기자.

통제하고 싶은 유혹

연인이 되면 자연스레 서로의 삶에 관여하고 싶은 마음이 생긴다. 조금 더 나에게 맞춰 주었으면, 내가 원하는 방식으로 말하고 행동해 주었으면 좋겠다는 기대가 고개를 든다. 하지만 가까워지고 싶은 마음이 서툰 방식으로 나타날 때가 많다. 잔소리로, 비난으로, 때론 동정심이나 죄책감을 유도해 내가 바라는 걸 얻어 내려 한다.

'날 사랑한다면 뭐든 나에게 맞춰야 하지 않을까?' 그렇게 사랑이 맹목적으로 나만을 향하길 바란다.

하지만 하나님조차 우리에게 맹목을 요구하시지 않는다. 그런 순종은 친구도, 연인도, 가족도 결코 바랄 수 없는 것이다. 혹시 우리는 사랑이라는 이름으로 상대 위에 군림하려는 건 아닐까?

차라리 떼를 쓰는 아이는 솔직하다. 하지만 누군가의 마음속 빈틈을 교묘히 파고들어 서서히 망가뜨려 가며 내 뜻대로 움직이고자 하는 마음은 관계를 병들게 만든다. 더 무서운 건, 그 병듦을 정작 둘 다 알아채지 못한다는 것이다.

가스라이팅은 사랑이 아니라 자기 곁에만 묶어 두고 싶은 이기심이다. 온갖 말로 상대의 자아를 흔들고, 세상을 믿지 못하게 만든다. 진심처럼 들리는 충고, 그럴듯한 논리를 먹이처럼 던지며 조금씩 자기만 따라오게 만든다. 하지만 피리 부는 사나이를 따라간 아이들처럼, 그 끝은 자멸이다.

자아가 희미할수록 우리는 의존적인 삶에 익숙해진

다. 스스로에 대한 확신이 없기에 목소리가 큰 사람에게 쉽게 끌려간다. 독립적인 한 사람으로 살아가는 법을 배우지 않으면 누구를 만나든 건강한 관계를 맺기가 어렵다. 스스로 생각하고 스스로 결정하는 연습이 필요하다. 실패해도 괜찮다. 오답도 귀한 경험이다. 중요한 건 내 삶의 선택권을 누구에게도 넘기지 않는 일이다.

나의 단점보다 장점을 먼저 봐 주는 사람들이 있다. 이런 사람들과 함께할 때 내면은 영양제를 맞은 듯 기운을 되찾는다. 지적보단 칭찬을, 비판보단 격려를 마음속에 차곡차곡 쌓아 두어야 한다. 자아가 건강해질수록 뼈아픈 충언조차 더 깊이, 더 온전히 받아들일 수 있게 된다.

자아가 희미할수록
우리는 의존적인 삶에
익숙해진다

내가 좋은 건, 너도 좋아할 거라는 착각

남자는 인정을 바라고, 여자는 관심을 바란다. 남자는 존중받고 싶어 하고, 여자는 공감받고 싶어 한다. 남자는 지지와 응원을 원하고, 여자는 보호와 안전을 원한다. 남자는 자유를 갈망하고, 여자는 머물 곳을 찾는다. 남자는 감탄을 기대하고, 여자는 확신을 기다린다.

우리는 서로를 오해하고 있다. 내가 받고 싶은 대로 대접하면, 너도 나만큼 기뻐할 거라 믿는다. 가까워지고 싶은 마음에 더 세심하게 굴었을 뿐인데, 너는 그 세심함 속에서 자유를 침범당했다고 느낀다. 그토록 애쓰는데도 사이가 가까워지지 않는 건, 내가 좋은 것은 너도 좋아할 거라는, 내가 대수롭지 않게 여기는 것은 것은 너에게도 그러하리라는 위험한 착각 때문이다.

내가 바라는 걸 골라 너에게 해주는 것은 결국 나를 기준 삼은 일이다. 아이처럼 내가 좋아하는 장난감을 엄마에게 선물하며 엄마도 좋아할 거라 믿는 것처럼 말이다.

자기중심적인 사고는 상대를 하나의 인격으로 존중하지 못하는 고집이다. 나는 나의 수고만 치하한다. 상대의 눈물겨운 노력이 내가 원하는 방식과 다르다면 그건 애초에 보이지도 않는다. 인간은 원래 자기중심적이다. 의식하지 않은 모든 노력과 수고는 자연스레 자신을 위하지 않던가.

내 방식대로의 사랑은 결국 내 안에 갇힌 고여 있는

사랑이다. 사랑이 닿으려면 받는 이의 방식에 맞춰야 한다. 사랑을 받으려면 주는 이의 방식을 이해해야 한다. 오해가 쌓이지 않도록 의식적인 노력이 필요하다.

내 눈길이 머물던 자리에서 조금만 시선을 옮겨 보자. 태양을 중심으로 별들이 존재하듯, 하나님을 중심으로 너와 내가 존재하고 있다는 것을 조금 더 자주 떠올릴 수 있기를. 끊임없이 서로를 배우는 사이, 그 관계는 아름답게 공명한다. 내가 하고 싶은 말보다 네가 듣고 싶은 말을 건네고 싶다. 너의 방식, 너의 언어로 사랑을 전하고 싶다. 우리와 같은 몸을 입고 오셔서, 우리의 언어로 말씀하신 예수님처럼 말이다.

주고 있는가, 빌려주고 있는가

돌려받을 거라 기대하는 마음은, 준 게 아니라 빌려준 것이다. 정성껏 건넸다 해도, 되돌아오길 바랐다면 나는 진짜로 마음을 준 적 없는 것이다.

상대가 내가 해주는 만큼 기뻐해 주길 바라면서, 막상 그 사람이 한 일에는 내 기준을 들이민다. 그의 수고는 당연하게 받아들이면서, 내가 고생한 건 몰라준다고 서운해한다. 쏟아부은 노력만큼 변화가 없으면 허망하고, 상대의 노력은 "내가 언제 이런 거 해달랬냐"며 평가절하한다. 이 모든 건 마음을 빌려주기만 했기 때문이다.

하나님은 우리를 사랑하셔서 독생자를 주셨다. 그분이 바라신 건 단 하나, "멸망하지 않고 영생을 얻는 것"이었다. 돌아올 유익은 헤아리지 않으셨다. 그저 사랑을 받는 우리의 회복과 성장, 구원과 거룩을 원하셨다.

어떤 사랑을 받았는지 알게 된 사람은 자연스레 "어떻게 갚아야 할까"를 고민하지만, 곧 깨닫게 된다. 갚을 수 없다는 사실을. 우린 그분의 마음을 헤아릴 수 있는 존재가 아니다. 인생을 바치고, 목숨을 바친들 한낱 먼지 같은 존재의 삶이 그분에게 무슨 도움이 되겠는가.

하지만 절망하는 우리를 향해 그분은 여전히 손을 내미시며, 사랑을 한 줌 더 얹어 이렇게 말씀하신다. "갚지 않아도 된단다. 알아주면 고맙지만, 다 알아주지 않아도 괜찮아. 그저 네가 행복하길 비란다. 그게 나의 행복이란다."

마음은 주는 것이다. 건네는 순간, 그 마음은 그 사람의 내면에 흡수되어 양분이 된다. 좋은 마음은 좋은 양분이 되어 그를 살리고 자라게 한다. 그 사람의 행복, 그거면 족하지 않겠는가. 내 배고픔을 잊고 그의 배부름을 바라보는 마음. 그것이 사랑 아니겠는가. 우리는 지금, 그 사랑을 받고 있는 중이다.

돌려받을 거라
기대하는 마음은
준 게 아니라
빌려준 것이다

쉬어 갈 수 있는 곳

당신의 지친 하루를 내게 와 푹 내려놓을 수 있으면 좋겠다. 어디서 무엇을 하고 왔든, 그저 폭신하고 포근하게 당신을 안아 주고 싶다. 당신의 하루가 아무리 고단했어도, 내게 와 단잠을 자고 나면 다시 아침을 맞을 힘이 솟았으면 좋겠다.

차마 밖으로 나갈 용기가 나지 않는 날이면, 나는 언제까지고 나를 내어 주고 싶다. 당신이 위로를 가득 얻을 때까지, 충분한 용기가 생길 때까지 내 곁에서 쉬기를 바란다.

남몰래 울고 싶은 날에는 내게 얼굴을 묻고 마음껏 눈물을 흘려도 좋다. 들썩이는 당신의 어깨를 꼭 끌어안아 당신의 울음소리가 바깥으로 새어 나가지 않도록 내가 지켜 주고 싶다.

몇 날 며칠, 혼자 덩그러니 지낼 때도 있겠지만 나는 언제나 같은 자리에서, 같은 마음으로 당신을 기다리고 싶다. 당신이 누군가에게 기대고 싶어질 때면 가장 먼저 떠오르는 사람이 나였으면 좋겠다. 고단한 하루의 끝이 다가오면 '어서 나에게 가고 싶다'는 마음이 들었으면 좋겠다. 내가 당신에게 쉼이 되었으면 좋겠다.

결혼과 돈, 그리고 믿음

결혼에 돈이 전부는 아니다. 하지만 경제적인 독립은 부부가 하나의 가정으로 서는 데 아주 중요한 부분이다. 돈은 '영향력'을 갖기 때문이다. 부모에게 경제적으로 독립하지 못하면 도움을 구하게 되고, 도움에는 간섭이 따르게 된다. 부부가 새로운 문화를 만들어 가야 할 신혼 시기에 양가 부모의 의견을 배제하지 못하게 되면 갈등은 훨씬 복잡해진다.

그렇다고 해서 돈이 많다고 갈등이 줄어드는 것도 아니다. 실은 소유의 많고 적음보다 부부 사이를 어렵게 만드는 것은 '인색함'과 '사치스러움'이다. 우리는 자기 소유에 대해 얼마나 지혜롭게 대하고 있을까?

재정 관리에 대한 개념은 지극히 상대적이다. 누군가에게는 알뜰함이 궁상맞게 느껴지고, 누군가에게는 규모 있는 삶이 사치처럼 보일 수 있다. 이런 차이를 이해하고 생각을 나누고 조율해 가는 과정은 결혼을 준비하는 데 매우 중요하다. "당연히 이렇게 하겠지"라는 기대는 서로의 오해만 깊게 만들 뿐이다.

가정을 유지하는 데 최소한 어느 정도의 재정이 필요하다고 생각하는지, 어떻게 관리하고 싶은지, 어떤 지출에 우선순위를 두고 싶은지, 왜 그런 선택을 하게 됐는지 솔직하게 대화해 보자. 명절이나 기념일 지출, 자녀 양육 비용, 소비 습관, 저축 방식까지 나눌 수 있는 만큼 구체적으로 나누는 것이 좋다.

물론 처음부터 서로가 만족할 만한 기준이니 알맞은

규칙을 만들긴 어렵다. 하지만 대화하고, 조금씩 조정해 나가다 보면 우리에게 맞는 기준을 찾아갈 수 있다. 이 지난한 과정 속에서 두 사람은 '하나'가 되어 간다.

그러나 모든 대화와 조율 가운데 우리가 반드시 기억해야 할 것이 있다. 우리에게 주어졌고 앞으로 주어질 모든 소유가 '어디서 오는가' 하는 것이다. 그리스도인인 우리는 언제나 청지기의 자세로 살아가야 한다. 청지기는 맡은 재물 그 자체를 목적으로 삼지 않고, 그 재물을 맡기신 분의 뜻을 따른다.

하나님은 자녀에게 필요한 모든 것을 주시겠다고 약속하셨다. 지키시고 보호하시겠다고 하셨다. 그러니 우리가 재정을 관리하는 이유는 단지 가정에 튼튼한 울타리를 세우기 위함도, 가족이 굶지 않게 하기 위함 때문도 아니다. 결혼 전에도, 후에도 우리가 고민하고 준비해야 할 것은 오직 하나, 생존이 아니라 삶 전체를 온전한 예배로 드리는 일이다.

그때 더 신중했더라면 나았을까?

시간은 한번 지나면 다시 오지 않는다. 기회도 언제 또 올지 모른다. 그래서 우리는 선택 앞에서 신중해진다. 후회하고 싶지 않아서.

하지만 정말 후회 없는 선택이 있을까? 무엇을 택하면, 무엇은 버려야 한다. 선택이란 곧 그 선택의 결과까지 감당하겠다는 다짐이다. 후회가 밀려와도 붙들지 않겠노라는 단단한 결심이다. 그래야 오늘을 온전히 살아 낼 수 있다.

우리는 결혼 앞에서는 유독 완벽한 선택을 기대한다. 작은 단점 하나에도 마음이 흔들린다. "왜 이 사람을 택했을까?" "내가 왜 이 점을 미처 보지 못했을까?" 뒤늦은 후회에 오늘을 허비한다. 마치 내 모든 미래가 망가진 것 같이 방법을 궁리하기에 바쁘다.

하지만 정말 더 신중했더라면 나았을까? 더 나은 사람을 골랐을지도 모르겠다. 그러나 그 선택에 만족하며 살 자신은 있었을까? 어쩌면 후회는 잘못된 선택에서 오는 게 아니라 도무지 만족할 줄 모르는 마음에서 오는 것인지도 모른다.

만족하지 못하는 마음은 "지금보다 나은 삶이 내게 어울린다"는 착각에서 비롯된다. 그것은 감사하지 못하는 가난한 마음이다. 후회란, 내 실수가 하나님의 계획조차 어지럽힐 수 있다는 자의식 과잉의 산물이다.

하나님은 말씀하신다. "내 은혜가 네게 족하도다"

(고후 12:9). 내가 아무리 어긋난 선택을 해도 하나님은 그 길에서도 일하실 수 있다. 하나님은 내 선택에 휘둘리지 않으신다. 내가 산산조각 난 삶을 들고 나아가도 그분은 부활의 영광으로 이끄신다. 그분의 손에 붙들린 삶은 결코 망가지지 않는다. 우리가 이 믿음을 정말 갖고 있는가.

그러니 우리는 오늘도 선택 앞에 서서, 하나님을 구하고 하나님을 믿어야 한다. 이 선택이 사랑이라는 기준에 합당한가? 그렇다면 한 걸음 내디디면 된다. 혹시 잘못 판단했더라도 괜찮다. 주님이 친히 우리의 갈 길을 가르쳐 주실 것이기 때문이다.

"여호와께서 사람의 걸음을 정하시고 그의 길을 기뻐하시나니 그는 넘어지나 아주 엎드러지지 아니함은 여호와께서 그의 손으로 붙드심이로다"(시 37:23-24). 믿음을 잃지 않는 인생에는 결코 후회가 설 자리가 없다.

결혼보다 중요한 것

바울은 언제나 임박한 마지막 날을 염두에 두고 살았다. 그날은 도적같이 올 것이기 때문이다. 우리는 내일이라도 예수님이 오실 수 있음을 기억하며 살아야 한다. 그것이 그리스도인이 삶을 대하는 마땅한 태도다. 바울이 독신을 권한 것도 오직 복음 때문이었다.

한 사람이라도 더 많은 이에게 복음을 전해야 할 이때, 신경 쓸 것이 오직 내 육신 하나뿐이라면 삶은 얼마나 단순하고 가벼울까? 마음이 아내에게, 남편에게 나뉘지 않고 오직 주님만 바라보며 사는 삶 말이다. 바울은 그렇게 할 수 있으면 그런 삶을 살라고 권했다.

그러나 모든 사람이 같을 수는 없다. 바울은 욕정을 절제하지 못하겠거든 결혼하는 것이 낫다고 했다. 악에 빠지는 것보다는 차선을 택하라는 것이다. 복음을 전할 수 있는 결혼이라면 기꺼이 하라고도 격려했다. 그 모든 조언의 이유는 단 하나, 오직 주님만을 섬기게 하려는 마음이었다.

바울은 이 조언이 주님의 명령이 아닌 자신의 의견임을 거듭 밝혔다. 결혼을 할지 말지가 중요한 것이 아니다. 더 중요한 것은 그리스도인으로 살아가는 것이다.

그리스도인의 선택 기준은 단 하나다. 하나님의 말씀이다. 내가 선택하려는 삶은 말씀 위에 서 있는가? 그 길은 복음을 위한 삶인가? 그 사랑을 살아 내는 길인가? 이 질문에 모두 "그렇다"고 답할 수 있어야 한다.

비혼을 택한 이유가 복음이라면, 그 삶은 존경받아 마땅하다. 그러나 실패에 대한 두려움, 희생을 피하고 싶은 이기심, 아무도 믿을 수 없는 불안 때문에 비혼을 택한 것이라면 그 선택은 복음 앞에서 뒷걸음질하는 일이다.

복음을 위한 삶을 구하자. 내 인생을 어떻게 잘 살까 고민하는 데 매몰되지 말고, 눈을 들어 내가 누구인지 기억하자. 우리는 택하신 족속, 하나님의 소유된 백성이다. 이 땅에서 복음을 들고, 그 사랑을 살아 내는 사람들이다.

나의 전부를 주고 싶다

완전한 사람은 없다. 먼지 한 톨, 그림자 한 점 없는 이가 있을까? 빨강에게 파랑이기를, 하늘에게 바다이기를 바랄 수 없듯 나는 당신이 완전하길 기대하지 않는다. 그렇지만 당신이 조금 더 나아지기를 바란다. 나를 위해서가 아니라 당신 자신을 위해서. 행복에 한 뼘 더 가까워질 수 있으면 좋겠다.

당신이 더 넓은 세상을 다녀 보면 좋겠다. 문제에 부딪히고, 넘어지고, 배우면서 당신만의 갈망과 열정을 발견하면 좋겠다. 내 울타리 안에 묶어 두기보다는 당신의 날개를 찾도록 돕고 싶다. 활짝 펼친 날개로 하늘을 가르고 스스로 창공을 나는 그 자유로움을, 당신이 마음껏 누렸으면 한다. 그리고 그 자유 속에서 웃는 당신의 얼굴을 보고 싶다.

드넓은 세상을, 깊은 바다를, 끝없는 우주를 당신 안에 담기를 바란다. 하나님이 주신 인생의 아름다움을 찬양하며 당신의 삶이 기쁨과 감사로 물들어 가길 바란다.

그것이 당신을 향한 나의 바람이다. 하나님이 우리를 사랑하신 것처럼 나도 나의 전부를 당신에게 주고 싶다. 나는 당신에게 사랑을 주기 위해 존재하기에. 당신의 행복이 곧 나의 행복이기에.

피튜니아:

당신과
함께할 때
나는 편안합니다

PART 4.

정말 모든 걸 바칠 수 있는가

뭘 줘도 싫다는데, 내가 굳이 애써 그가 원하는 것을 알아 낼 필요가 있을까? 머리를 조아려도 그는 고개를 돌렸고, 납작 엎드려도 만족하지 않았다.

생각해 보면, 그가 진짜 원하는 건 따로 있었던 게 아닐까? 무엇을 받느냐보다 거절해도 계속 다가오는 나를 보며 우위에 선 자신을 확인하고 싶었던 건 아닐까? 알량한 자존심, 치졸한 열등감이 빚어 낸 교만 앞에 나는 묻고 싶었다. "내가 왜, 대체 뭐가 아쉬워서 당신의 비위를 맞춰야 하지?" 두 눈 부릅뜨고

돌아서 버리면 끝나는 일이었다.

그런데 고개를 돌린 그곳에 예수님이 계셨다. 포기하지 않고, 자존심을 세우지 않고, 자신을 낮추고, 버려 가며 그분은 나를 사랑하고 계셨다. 나 하나 없어도 아쉬울 것 없으신 그분이 나를 위해 모든 것을 바치셨다.

우리는 이 십자가를 보았는가? 이 사랑을 받았는가? 그렇다면 돌아서려던 그 발걸음을 정녕 멈출 수는 없겠는가?

숨길수록 고통스러운

누구에게나 숨기고 싶은 과거가 있다. 차마 드러내고 싶지 않은 수치, 나조차도 들여다보기 힘든 기억. 그래서 내면 깊은 그늘 속에 감춰 두고 만다. 떠올리기만 해도 아픈 이야기를 굳이 꺼낼 필요가 있을까? 지금 이대로, 아무 일 없었던 척 살아가도 나쁘지 않은 것 같아 다시 덮어 둔다.

그러나 아물지 않은 상처는 언젠가, 반드시 드러나기 마련이다. 아무렇지 않은 척 걷고 싶어도 휘청이는 마음은 곁에 있는 이까지 흔들어 놓는다. 감춰 둔 아픔은 우리를 밝은 곳으로 이끌기보다 음습한 어둠 속으로 자꾸 끌어당긴다.

결혼한 부부는 한 몸이다. 내 발목에 족쇄가 있다면 배우자도 함께 묶인다. 내가 갇혀 있다면 배우자도 함께 갇히는 것이다. 그렇다면, 차라리 고통의 이유를 아는 편이 낫다. 아무것도 모른 채 흔들리는 것보다 상처의 근원을 마주하는 것이 회복의 시작이다.

묻어 두지 말자. 두려워도, 부끄러워도 그 기억을 꺼내어 말하자. 부부는 서로의 버팀목이자 지지대다. 냄새나는 고통이라 해도 함께 나눌 때 비로소, 어떻게 도울 수 있을지 알게 된다. 절뚝거리더라도 서로 부축해서 십자가 앞으로 나아가는 것이 먼저다. 우리의 죄와 사망의 족쇄를 끊으신 예수 그리스도 앞에 모든 상처를 내어 보이자. 그리고 그 상처를 어루만지시는 하나님을 바라보며 서로를 위해 기도하자.

상처가 아물어 가는 동안 우리는 더욱 가까워질 것

이다. 서로를 통해 힘을 얻게 하시는 하나님의 놀라우심을 함께 찬양하게 될 것이다. 이것이 상처 많은 우리가 건강하게 사랑하는 길이다.

관계를 붙드는 힘

이 사람일거라는 확신이 무색하게도, 우리는 결국 서로 놓아 버렸다. 다들 어떤 마음으로 인연을 이어가고, 어떤 확신으로 영원을 약속하는 걸까? 어떻게 '이 사람이면 괜찮다'고 믿을 수 있는 걸까?

감정은 파도 같다. 밀려오기도 하지만, 언제든 사라질 수 있다. 그래서 감정에 기대어 사랑을 판단하는 건 흔들리는 갈대에 몸을 맡기는 것과 같다. 나를 이끌던 감정이 나를 버티게 해주진 않는다. 우리를 약속의 자리까지 데려온 건 감정이었지만, 그 약속을 지켜 가는 건 감정이 아니라 의지다.

확신은 바깥에서 오는 것이 아니라 내 안에서 솟아난 감정을 붙잡고 지켜 내는 태도다. 사랑하겠다는 결심, 그 다짐이 관계를 지탱한다. 결혼을 오래도록 지켜 주는 건 뜨거운 감정보다 단단한 태도다. 사랑스럽지 않은 날에도 사랑하겠다는 다짐. 볼품없는 날일수록 더 깊이 믿어 주겠다는 결심. 그런 태도가 우리를 지켜 주고, 서로의 미래를 함께 바라보게 한다.

사랑스럽지 않은 날에도
사랑하겠다는 다짐
볼품없는 날일수록
더 깊이 믿어 주겠다는 결심
그런 태도가 우리를 지켜준다

더 많이 표현하고, 더 다정하기로 결심하다

오늘이 마지막일지도 모른다. 사랑을 말할 수 있는 시간, 가만히 안아 줄 여유, 고맙고 미안한 마음을 고백할 기회도 말이다. 지나고 나서 후회해 봐야, 오늘은 다시 오지 않는다.

남겨 둔 마음이 사무쳐 자꾸만 베갯잇을 적신다. 미련이란, 살아갈 날이 아직도 한참인데 돌이킬 수 없는 어제를 멍하니 바라보게 만드는 것이다. 그건 어쩌면, 그날을 다 바쳐 사랑하지 못했기 때문인지도 모른다. 삶의 마지막 날, 우리를 붙잡는 건 다름 아닌 사랑하지 못했던 날들이다.

'상처받으면 어쩌나.' '나만 사랑을 퍼 주다 쉬워 보이면 어쩌나.' 이리저리 재는 사이에 시간은 성큼 우리 곁을 지나간다. 나라면 차라리 사랑을 아끼지 않을 텐데.

더 많이 표현하고, 더 다정하겠다. 늘 당신을 내 우선순위에 두고, 당신의 마음을 먼저 헤아리겠다. 옳고 그름을 따지기 전에 당신을 이해하고, 날 알아달라 말하기 전에 당신을 먼저 알아주겠다. 도저히 못할 것 같던 일도 용기 내어 해 보겠다. 그렇게 얻은 당신의 미소를 오늘이 마지막인 것처럼 두 눈에 가득 담으리라.

당신을 위해 쉬지 않고 기도하겠다. 당신의 행복을, 당신의 내일을 함께 소망하겠다. 뒷걸음질 치지 않겠다. 포기하지 않겠다. 당신이 내 삶에 들어와 모든 것을 바꾸더라도 기꺼이 감당하겠다. 주님이 나를 그렇게 받아 주셨듯, 나도 당신을 그렇게 받아들이겠다.

시간이 우리를 휩쓸고 지나가더라도 뒤돌아보았을 때 미소 지을 수 있기를. 뒤늦은 한숨으로 남은 날을 채우지 않기를. 그러니 지금의 서로를 남김없이 사랑하자. 최선을 다한 사랑에는 미련이 없다.

비로소 서로의 인생이 보이다

나와는 다른 사람인 줄 알았다. 그런데 알수록 당신은 나와 참 많이 닮아 있었다. 상처의 깊이가 비슷한 사람끼리 끌린다더니, 그래서 당신이 자꾸 눈에 밟혔던 걸까. 당신도 나만큼 아팠고, 고단했다는 그 사실 하나로 자꾸만 마음이 움직였다.

처음엔 동질감인 줄 알았다. 하지만 아니었다. 나는 당신에게 존경심을 느꼈다. 나는 숨어 버릴 때, 당신은 뚫고 나아갔고, 나는 고집부릴 때, 당신은 유연하게 반응했다. 어떻게 그럴 수 있을까? 당신은 내게 하나의 경이로움이었다. 나는 당신에게서 희망을 보았다. 내게 없는 것을 당신이 가지고 있었고, 당신에게 없는 것을 내가 채워 줄 수 있을 것 같았다. 서로의 빈 곳을 채우면, 우리는 완전해질 줄 알았다.

하지만 꺼내 주고 또 꺼내 주어도 끝이 보이지 않았다. 마침내 서로의 마음을 바닥까지 긁고, 생채기를 내고서야 우리는 깨달았다. 우리는 비어 있는 부분이 같은 퍼즐이었음을. 그래서 서로의 빈 곳을 채워 줄 수 없었다. 내 모든 걸 내어 주어도, 당신의 갈증은 끝나지 않았다. 당신을 다 내어 주어도, 내 안의 쓸쓸함은 지워지지 않았다. 무엇도 해줄 수 없다는 절망. 사랑하고 싶은데 닿지 못하는 무력감. 그 좌절이 우리 사이에 쏟아졌다.

그때 우리는, 우리에게는 없지만 하나님께는 있는 것, 그 사랑의 삶으로 초대받았음을 알았다. 어설프게 사랑을 흉내 내는 삶이 아니라 사랑 안에 머무는 삶으로.

더 이상 안달복달하지 않아도 되었다. 어떻게든 이 사랑을 지켜 보려 초조하게 애쓰지 않아도 괜찮았다. 그저 하나님이 나를 사랑하신다는 사실을 믿음으로 껴안을 뿐이었다. 그 믿음이 나를 사랑의 삶 속에 던져 넣었다.

사랑은 내 눈을 밝혀 주었다. 내 외로움만큼 깊었을 당신의 쓸쓸함이, 내 치열함만큼 고단했을 당신의 인생이 비로소 보이기 시작했다. 내가 다 주지 못했던 것만큼이나, 당신도 그만큼이 최선이었겠구나.

이제는 서로를 긍휼히 여긴다. 서로를 위한 오늘의 은혜를 구한다. 하나님의 사랑이 나를 통해 당신에게 흘러가기를. 그 사랑이 우리를 가득 채우기를. 바다보다 깊은 사랑이 채우지 못할 빈자리는 없다.

사랑인가, 비즈니스인가

어떻게 사랑을 자로 잰 듯 반으로 나눌 수 있을까? 준 만큼 받고, 받은 만큼 돌려주는 관계라야 유지된다면, 그건 사랑이 아니라 비즈니스다.

하나님은 공평하신 분이지만, 우리에게 공평함을 요구하시진 않는다. 그분의 사랑은 언제나 한쪽으로 기운다. 더 많이 좋아하고, 더 많이 희생하고, 더 많이 포기하신다. 더 많이 기다리고, 더 많이 그리워하시며, 어떻게 더 도와줄지, 어떻게 더 힘을 줄 수 있을지 먼저 고민하신다.

하지만 그 사랑은 비굴하지 않다. 무작정 참는 희생으로 모욕을 견디시지도 않는다. 때로는 배은망덕한 우리를 단호히 꾸짖기도 하신다. 다만 하나님은 우리를 이해하신다. 그분의 사랑에 미치지 못하는 우리의 부족함조차 우리의 한계로 받아들이신다. 그래서 만족하시고 기뻐하신다.

그리고 마침내, 우리의 그 한계를 그분이 직접 넘으셨다. 우리가 하나님과 하나 되는 길은 그분이 스스로 목숨을 내어 주시는 것 외엔 없음을 이미 알고 계셨기 때문이다. 이것이 하나님의 공평이었다.

누가 더 많이 사랑하고 있는지, 누가 더 많이 참고 있는지, 그런 계산은 이제 그만하자. 그저 내가 먼저, 당신의 한계를 선뜻 넘어 다가갈 수 있기를 바랄 뿐이다. 마음이 여유 있을 땐 넉넉히 내어 주다가도, 힘겨울 땐 어느새 움켜쥐고 좁아지는 법이다. 그럴수록 서로가 기꺼이 밑거름이 되어 주기로 선택한다면 그것이 공평한 사랑 아니겠는가.

많이 고마웠던 날을 기억하자. 내 안의 꽉 조인 마음이 당신의 넉넉함 덕분에 느슨해질 수 있었던 그날을. 괜히 내가 더 많이 사랑하는 것 같아 억울했던 순간에도 그 마음마저 넉넉히 껴안을 수 있도록.

외로움에 무뎌지다

이제는 혼자서도 잘 지낼 줄 안다고 생각했다. 혼자의 시간이 익숙해지면서 나름 안정적인 사람이 되어가고 있다고 믿었다. 하지만 돌아보면, 나는 언제나 목말랐다. 누군가 나만을 바라봐 주길 바랐고, 내가 여기 있다는 걸 알아주길 원했다. 그래서 누가 나를 알아봐 주기라도 하면 고장 난 브레이크처럼 걷잡을 수 없이 빠져 버렸다. 그렇게 시작된 관계는 자주 불안해졌다.

혼자서도 잘 지낸다고 믿었던 건, 사실 외로움에 무

여졌던 것이었다. 기댈 줄도 모르면서 홀로 선다는 이유로 스스로를 위로했고, "혼자가 편하다"는 말로 함께하지 못하는 서툰 마음을 감췄다.

진짜 혼자서도 잘 지낸다는 건, 굳이 사랑받고 있음을 확인하지 않아도 자신의 사랑스러움을 아는 것이다. 누가 봐 주지 않아도 정직함과 성실함을 지켜 내고, 혼자 있는 게 편한 만큼 타인과도 편하게 어울릴 줄 아는 것이다. 늘 경계하며 나를 지키기보다 기꺼이 나를 내어 주되, 스스로를 잃지 않는 것이다. 누군가 어깨를 내밀어 줄 때 손사래치지 않고 고맙다며 조용히 기댈 줄 아는 마음이다.

어떻게든 혼자 잘 살아 보려 애쓰지 말고, 억지로 사람들 속에 섞이려 하지도 말자. 그저 하나님이 사랑하시는 나를 받아들이고, 하나님이 사랑하시는 세상을 사랑하자. 그분의 애정 어린 시선 속에서 목마름 없는 사랑을 누리고, 나를 귀히 여기시는 영광을 맛보자. 그러다 보면, 혼자 있어도 괜찮고 누군가와 함께 있어도 괜찮은 사람이 된다. 사랑을 주고받을 줄 아는 사람, 기댈 줄도, 품을 줄도 아는 사람이 된다.

혼자서도 잘 지낸다는 건
굳이 사랑받고 있음을 확인하지 않아도
자신의 사랑스러움을 아는 것이다

언제까지 참아야 할까?

언제까지 참아야 할까? 사랑이 모든 것을 견디는 것이라면, 그저 참고 버티기만 하면 되는 걸까? 시간이 해결해 주기를 바라며, 그가 스스로 깨닫는 날이 오기까지 마냥 기다려야 하는 걸까?

물론 시간이 해결해 주는 일들이 있다. 끓어오르던 분노가 한김 식고, 속 좁았던 질투심이 부끄러움으로 바뀌는 날이 있다. 도무지 이해할 수 없던 세상이 어렴풋이 받아들여지기도 한다.

하지만 그것은 시간이 해준 일이 아니라, 그 긴 시간 동안 포기하지 않고 노력했기 때문이다. 외면하지 않고 마주하려는, 쉽게 기권하지 않고 이겨 내려는 의지가 만든 변화다.

견디는 사랑은 포기하지 않는다. 관계가 더 나아질 수 있다는 소망을 버리지 않는다. 상처 주는 상황 앞에서 피하지 않고 맞선다. 그래서 인내에는 반드시 용기가 필요하다. 같은 문제로 또 부딪히더라도 뒤돌아서지 않고 마주할 수 있는 용기 말이다.

단지 싸울 자신이 없어서, 멀어질까 두려워서, 잘 화해할 용기가 없어서 참는 건 견디는 사랑이 아니다. 숨죽이기만 해서는 아무것도 나아지지 않는다. 상처 위에 덮어 둔 붕대를 풀고 약을 바를 고통을 감내해야 한다. 문제를 외면한 채 사랑을 말할 수는 없다.

하나님의 자녀된 우리의 목적은 그저 살아남는 것이 아니다. 관계를 그저 유지하기 위해 애쓰는 게 아니다. 사랑 안에서 자라 가기 위해 오늘을 견디는 것이다. 우리가 용기를 가지고 인내하는 사랑을 선택할 때, 그 사랑은 우리를 성장시킨다. 그럴 때 비로소 관계는 이전보다 단단해질 수 있다.

물론 그 사랑이 이미 엎질러진 물을 담아 주지는 않는다. 산산이 부서진 컵을 붙여 주지도 않는다. 하지만 그 사랑은 현실을 외면하지 않게 하고, 그 안에서 유일한 소망이신 예수님을 보게 한다. 우리 삶을 의의 길로 이끄시는 분, 그분을 바라보며 어떤 상황 속에서도 우리는 소망을 잃지 않을 수 있다.

도망치지 말자. 숨지 말자. 용기를 구하자. 인내는 용기를 통해 완성된다.

또 한 걸음 멀어질까 두려워

당신의 손가락이 나를 겨눌 때마다, 나는 한 걸음씩 물러선다. 내가 여기서 한마디 더 하면, 당신도 한 걸음 멀어지겠지. 그래서 나는 목까지 차오른 말을 꿀꺽 삼키고, 마음을 접는다. 그러면 그만큼만 멀어질 수 있으니까. 그 거리쯤이야, 내가 돌아가면 되니까 괜찮다. 나는 당신과 멀어지고 싶지 않다. 하지만 당신이 나에게서 멀어지면 내 힘으로는 더 이상 어쩔 수가 없다.

그건 너무 슬픈 일이라, 나는 싸우고 싶지 않았다. 자꾸 대화하자고 다그치는 당신의 말이 어쩐지 '멀어지자'는 신호처럼 들려서, 가슴이 뻐근하게 아팠다.

그 '대화'라는 거, 도대체 어떻게 하는 것일까? 당신은 내가 말없이 자리를 피하면 무시당하는 것 같다고 말한다. 그런데 도망가지 않고도 당신과 더 멀어지지 않는 방법이 정말 있을까? 우리 둘 다 끓어오르는 말을 쏟아 내고 나면, 그 뜨거운 용암이 훑고 간 자리에 뭐가 남을까? 내가 입을 닫는 건, 당신을 무시하려는 게 아니다. 나는 우리를 지키고 싶을 뿐이다. 서로를 더는 다치게 하지 않으려, 조심하고 또 조심한 것이다.

내 속마음을 꺼내 보였다가 그 말들이 당신 마음을 긁을까 봐, 그래서 당신이 등을 돌릴까 봐. 결국 혼자 남겨질까 봐 무서웠다. 그게 돌이킬 수 없는 상처가 될까 봐 그냥 숨었다.

"네 안에 뭐가 있는지 알고 싶어"라는 당신의 말에

나는 혼자서 조용히 생각한다. '이건 아무도 들어 주지 않아서 아무에게도 꺼내 보여 주지 않았던 마음이야.' 당신은 내 말을 들어 줄 수 있을까? 당신이 원하던 말이 아니어도, 생각이 달라도, 이해가 되지 않아도, 가만히 들어 줄 수 있을까? 내 자리에 서서, 내 서툰 말 속에서 나를 찾아 줄 수 있을까? 마음이 다칠 수 있어도 거기 그대로 있어 줄 수 있을까?

그렇다면 나도 용기를 낼 수 있을 것 같다. 내가 무슨 말을 해도 괜찮다고, 들을 준비가 되어 있다고 말해 주었으면 좋겠다. 화내지 않겠다고, 도망치지 않겠다고 약속해 주면 좋겠다. 내 마음을 조심히 들여다봐 주는 당신을 기대한다.

숨 쉴 틈을 주지 않는 그의 마음

받지 않을 걸 알면서도 나는 전화기를 붙잡고 있다. 어쩌면 차라리 싸우는 게 낫다고 생각했다. 문제를 꺼내 놓아야 해결의 실마리가 보일까 싶어서. 숨고 도망치기만 하는 건, 너무 이기적이다. 사랑한다면, 어떻게든 함께 시간을 보내고 싶지 않을까? 내가 잘못한 게 있다면 말을 해주면 좋으련만, 왜 입을 닫고 피하기만 하는 건지.

나라도 좀 더 닦달하고, 복걸해서 겨우 한마디 꺼내게 만들 참이었다. 결국 당신이 변하면, 모든 게 해결

될 텐데. 왜 내 말을 귀담아 듣지 않는 걸까? 사랑한다며. 내가 바라는 건 겨우 이런 사소한 것들뿐인데, 왜 그거 하나 들어주지 못하는 걸까.

당신 없는 세상에 혼자 남겨지는 건 상상하기조차 싫다. 허허벌판 위에 홀로 버려진 기분이다. 외롭다는 말로는 설명할 수 없는 공허함이다. 당신은 알까? 당신이 나에게서 도망칠 때마다 나는 그 공허함에 몸서리친다는 것을. 문을 닫고, 내 눈 앞에서 사라질 때마다 나는 단절된 세상에 홀로 남겨지는 것 같다. 마치 내가 필요 없다고 밀어 내는 것 같아서.

질투심이 당신을 불러들일까? 헤어지자고 말하면 다시 날 붙잡아 줄까? 아니면 나도 차라리 무관심한 척, 내 기분을 똑같이 느껴 보게 할까? 머릿속이 복잡해지고, 온갖 생각이 뒤엉킨다.

정말 당신이 나를 떠날지도 모른다는 생각에, 나는 자꾸 확인했다. 당신이 내 곁에 있는지, 내일도 내 곁에 있을지. 때로는 어린애처럼, 못되게 굴어서라도 당신의 반응을 얻어 내야 마음이 편해졌다. 옆에 있다는 걸 확인해야만 안심이 됐다. 당신이 기분 좋아 보이는 날이면, 일부러 더 이것저것 요구해 봤다. 과도한 요구라도, '사랑한다면' 그 정도는 들어줄 수 있을 거라고 믿었으니까. 내 말을 들어주는 당신을 보면, 내가 그만큼 가치 있는 사람이 된 것 같았다. 엎드려 받는 절이 무관심보다는 나았다.

"너무 지친다." "너와 있는 시간이 괴로워." 당신이 쏟아 낸 말은 내 가슴에 박혔다. 그렇다면 나는 어떻게 해야 할까? 당신이 보이지 않으면 견딜 수가 없다. 당신이 아무 말 없이 돌아서면 미쳐 버릴 것만 같다. 내가 어떻게 해야 당신은 나를 봐 줄까?

못되게 굴어서 미안한 마음이 몰려왔다. 당신을 괴롭히려던 건 아니었다. 그저 당신이 언제든지 날 떠날 것만 같아서 두려웠다. 그럼 나만 상처 속에 홀로 남겨질까 봐. 그래서 자존심을 세우고, 상관없는 척

했나 보다.

하지만 나는 상관없지 않다. 당신 없는 삶은 의미가 없다. 그저 당신 곁에 있고 싶다. 나를 사랑한다는 것을 확인받고 싶다. 더 많은 관심을 받고 싶다. "난 당신이 필요해. 날 혼자 두지 말아줘. 제발."

약속을 깰 이유는 합리화되지 않는다

하나님은 우리를 혼자 살 수 없는 존재로 만드셨다. 우리는 사랑을 통해 하나님의 사랑을 누린다. 특별히 부부는 서로를 위해 부르심을 받은 사이다. 마치 서로를 비추는 거울처럼 서로를 통해 나를 발견하고 내 가치를 확인한다.

하지만 잘 맞는 사이에도 금은 간다. 작은 틈을 무시하다 보면 깊이 숨겨 두었던 결핍이 그 틈을 파고든다. 외도는 종종 그 틈을 메우려다 길을 잃은 사람의 잘못된 선택이다. 성격이 이상해서도, 양심이 모자라서도 아니다. 마음이 약해졌을 때 유혹은 스며든다. 마치 면역력이 떨어진 틈을 비집고 들어오는 바이러스처럼.

관계를 지키는 힘은, '인정하는 말'이다. 고맙다고 말하고, 존중의 눈빛을 잃지 않는 것이다. 하나님이 가르쳐 주신 사랑은 나보다 남을 낫게 여기는 사랑이다. 편할수록 말을 조심하자. 익숙함이 예의를 삼켜 버리지 않도록. 부부는 말로 상처받고, 말로 회복된다.

같은 것을 좋아하고, 함께 웃을 수 있는 우정. 그것이 결혼을 오래 버티게 해주는 힘이다. 내 세상만 고집하지 말고, 그 사람의 세계로 들어가 보자. 서로를 배우는 건, 거기에서 시작된다.

외모를 가꾸는 일도 사랑이다. 얼마나 예쁘고 잘생겼는지가 아니라 '당신을 위해 준비했어요'라는 마음이 더 오래 기억된다. 우리는 자주 부모에게 받지 못한 사랑을 배우자에게서 기대한다. 그 전부를 채워 줄 순 없어도, 결핍을 이해해 주는 것만으로도 서로에게 위로가 된다.

여자는 정서로, 남자는 육체로 사랑을 확인한다. 하지만 따로 떼어 생각할 수 없다. 결핍은 하나로 연결되어 있고, 서로의 욕구만 내세우다 보면 한쪽은 거절당한 마음에 상처 입는다. 결국 다른 한쪽은 배려받지 못한 채 외로워진다.

사랑은 요구가 아니라 섬김으로 지켜지는 것이다. 결핍을 메우기 위한 노력은 중요하다. 그러나 그것이 약속을 깰 이유는 되지 않는다. 약속이 깨지면 그 약속을 깨뜨린 사람의 잘못인 것이다. 하나님은 부부의 친밀함으로 그분과 우리의 관계를 설명하셨다. 그 약속을 어긴다는 건, 사람을 배신하는 일이자 하나님을 기만하는 일이다.

루드베키아:

당신과 함께하는
영원한 행복을
꿈꿉니다

PART 5.

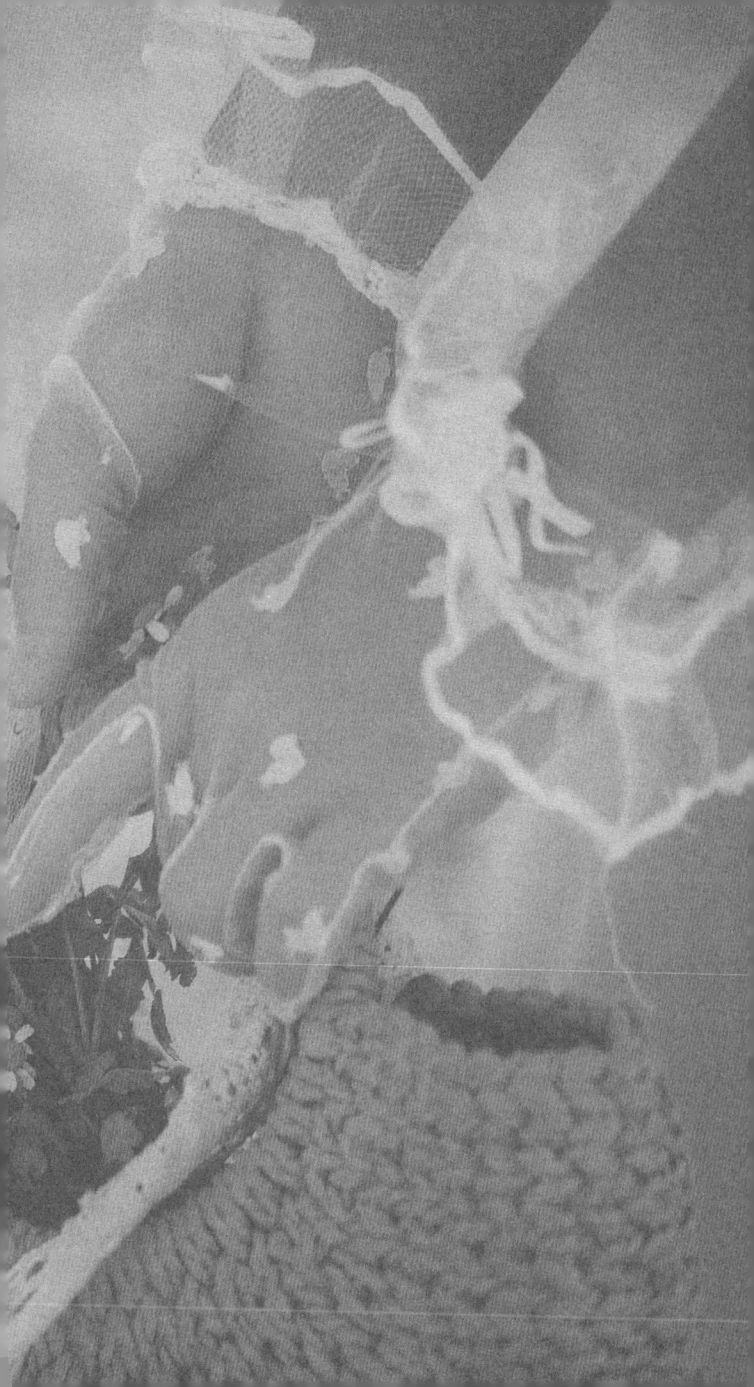

분명한 것 한 가지

하나님은 우리 삶에 놀라운 계획을 가지고 계신다. 그분의 계획은 언제나 선하시고, 치밀하며, 결코 실수하지 않으신다. 그 어떤 사건도 하나님의 손 밖에서 일어나는 일은 없다. 우리의 모든 만남은 하나님께서 친히 예비하신 것이다. 좋았던 사람도, 아팠던 시간도, 모두 지나고 나면, 하나님의 선하신 계획 안에 있었음을 깨닫게 된다.

그러므로 하나님께서 예비하신 배우자도 분명히 있다. 하지만 그것이 곧 갈등도 아픔도 없는, 행복만 가득한 결혼 생활을 뜻하진 않는다.

하나님은 이삭에게 리브가를 아내로 주셨다. 하지만 리브가는 편애하는 아들 야곱과 함께 남편을 속였다. 하나님은 요셉에게 마리아와 결혼하라 하셨다. 마리아는 아들을 낳았고, 그 아들은 어머니보다 먼저 십자가에서 죽임을 당했다. 하나님은 일찍 첫 남편을 잃은 룻에게 보아스를 만나게 하셨고, 또한 호세아에게는 고멜을 아내로 맞으라고 하셨다.

하나님의 일하심은 우리가 다 헤아릴 수 없다. 그분은 우리를 위해 일하시지만, 우리의 편의를 위해 일하시진 않는다. 하나님은 우리를 만족시키기 위해 존재하시는 분이 아니라 우리를 거룩하게 하시기 위해 역사하시는 분이다.

분명한 것이 하나 있다. 하나님이 내게 보내신 모든 것은 나를 향한 그분의 크고 놀라운 사랑에서 비롯된 계획이라는 사실이다. 이 진리를 알고 믿을 때, 우리는 기뻐할 수 있다. 비록 아픔이 있고 괴로움이 있어도, 그조차 예비된 선물임을 아는 사람은 감사할 수 있다. 하나님의 뜻을 묻고자 할 때, 우리는 쉬지 않고 기도하는 자리에 머물 수 있다.

오르락내리락 인도하심을 따라 걷다 보면 어느 날 고백하게 될 것이다. 우리를 서로에게 보내신 분이 하나님이심을. 그리고 나는 반드시 이 사람을 만났어야 했음을. 이것이 그리스도인에게 주어진 '만남'의 축복이다.

억울한 마음, 핑계대는 말

억울하면 말해야 한다고 믿었다. 억울함을 꾹 삼키는 건 더 억울하니까. 내 입장을 설명하고, 네 말에 반박도 해 봤다. 하지만 돌아오는 건 늘 같았다. "핑계 대지 마." 나는 더 답답해졌고, 대화는 싸움이 되었다.

예수님은 변명하지 않으셨다. 오해를 굳이 풀려 하지도 않으셨다. 마음이 닫힌 이에게 설명하는 대신 그저 하나님 나라를 전하셨다. 듣고 싶은 사람은 듣게 될 것이라고 말씀하셨다. 들을 마음이 없는 사람에겐 어떤 말도 소용없다는 걸 아셨기에.

그분은 자신을 변호하기보다 사명을 감당하셨다. 억울함을 풀기보다 하나님의 뜻을 따르셨다. 이 땅에 오신 목적을 이루기만 하면 될 터, 그로 인해 피해가 오는 건 상관없었다.

나는 얼마나 많은 시간을 내 억울함을 정당화하는 데 써 왔는가? 내가 틀리지 않았다고, 그런 뜻이 아니었다고, 목소리를 높이며 말해 왔다. 하지만 그건 진심을 나누기 위한 말이 아니라 내 자존심을 지키기 위한 변명이었을지도 모른다. 관계보다 체면이, 사랑보다 정당함이 앞선 말들이었다.

이제는 알 것 같다. 누가 맞았는지보다 중요한 건 우리가 여전히 '함께'이길 바라는 마음이라는 것을 말이다.

먼저 들어야 한다. 무엇이 너를 아프게 했는지. 그게

오해든, 고의가 아니든 상관없이, 네가 상처받았다는 사실 하나만으로 미안해 할 이유가 된다. 오해가 생긴 이유는 그 마음이 다독여진 후에 찾아도 늦지 않다.

감정이 상하면 귀는 닫히고, 아무리 진심을 다해 말해도 핑계로 들린다. 그래서 가끔은 "미안해" 한마디면 충분하다. 사실을 따지기 전에, 당신이 나로 인해 아팠다는 이유 하나로, 진심으로 미안해 할 일 아니겠는가.

쾌락과 사랑 그 사이에서

성은 아름답다. 이 말에 고개를 젓는 사람은 없을 것이다. 세상은 그 아름다움을 더 자유롭게 누리라고 말한다. 기쁨을 나누는 방식일 뿐, 뭐가 문제냐는 것이다. 하지만 모든 것이 허용될 때, 그것은 점점 흔해지고 가벼워진다. 아무나 쉽게 닿을 수 있게 되면 더는 소중하지 않게 된다.

성은 본디 고귀한 것이다. 그 고귀함은 '생명'을 품었기에 가능하다. 만약 성관계의 목적이 단지 쾌락이나 애정 표현이라면, 하나님은 그 안에 생명을 잉

태하는 신비를 담지 않으셨을 것이다. 생명을 배제한 성은 창조주를 기만하는 행위다.

생명을 존중한다면, 우리는 진중해야 한다. 이건 단지 몸의 이야기가 아니다. 내 몸에 대한 책임, 상대의 삶에 대한 책임, 우리의 미래, 아직 만나지 않은 배우자와 자녀들, 그리고 나를 낳아 준 부모님에 대한 책임이다. 무엇보다 '그리스도 안에서 새 생명을 얻은 자'라는 정체성에 대한 책임이다. 그 정체성은 모든 관계와 선택의 무게를 바꿔 놓는다.

성관계가 주는 쾌락은 강력하다. 그래서 그만큼 중요한 것을 놓칠 위험도 크다. 정말 함께할 사람인지 알아가는 일, 그건 몸의 대화만으로는 부족하다. 옷 속보다 깊은 곳, 마음의 결을 들여다 보는 시간이 필요하다. 그 안의 이야기를 꺼내 나눌 수 있어야 비로소 함께 미래를 그릴 수 있다.

상대를 정복했는지 확인해야만 안심이 되고, 벌거벗

은 나를 받아 주어야 사랑받는 기분이 든다면, 아직 신뢰가 쌓이지 않은 것이다. 좋아 보이면 손대고 싶지만, 정말 좋아하면 그 사람의 삶을 지켜 주고 싶어진다.

우리에겐 자유의지가 있다. 하지만 타락한 본성은 그 자유를 죄로 이끈다. 우리는 스스로를 이길 수 없다. 그러나 죄와 은혜가 맞설 때 이기는 쪽은 언제나 은혜다(롬 5:21). 죽음의 심연에서 주님은 우리를 건져 올리셨다. 이제 죄가 할 수 있는 일은 거짓말로 겁을 주는 것뿐이다. "넌 못 해." "다들 그렇게 살아." "이건 너무 어려워."

하지만 그럴 때마다 우리는 다시 일어선다. 넘어져도, 또 넘어져도 주님의 용서가 우리를 일으켜 세운다. 은혜는 우리가 죄 가운데 머무르지 않게 한다. 은혜를 아는 자는 죄를 멀리한다. 바울은 말했다. "너희가 이미 그리스도와 함께 십자가에 못 박혔다"고.

죄는 이미 힘을 잃었고, 빛은 이미 우리 곁에 와 있다. 우리가 할 일은 단 하나, 그 빛을 받아들이는 것이다. 못 지킨다는 핑계 대신 더욱 힘써 그 빛으로 나아가자. 내 힘으로는 불가능하지만 예수님의 생명이 내 안에 살아 계시기에 우리는 걸을 수 있다. 거룩의 길을.

유혹을 시험 삼아 가까이할 이유는 없다. 죄는 외면하라. "너희는 성령을 따라 행하라 그리하면 육체의 욕심을 이루지 아니하리라"(갈 5:16).

결혼 전, 꼭 나눠야 할 이야기들

부모는 선택할 수 없지만, 배우자는 선택할 수 있다. 결혼은 내가 선택한 사람과 함께 만들어 가는, 완전히 새로운 공동체다. 그러니 신중해야 한다. 순간의 감정이나 주변의 성화에 떠밀려 결정하기에는, 결혼이 우리에게 안겨 줄 삶의 무게가 만만치 않다. 그 무게에 대해 조금은 진지하게 오래 이야기해 보자.

서로에게 가장 중요한 가치는 무엇인지, 삶의 우선순위는 얼마나 다른지, 어떻게 맞춰 갈 수 있을지 이야기해 보자. 결혼에 대한 이상도, 바라는 가정의 보습도, 차근히 꺼내어 보자. 신앙은 어떻게 함께해 나가고 싶은지, 가정 예배를 드린다면 어떤 방식이 좋을지, 서로의 영혼을 위해 어떤 도움을 주고받고 싶은지도 이야기해야 한다. 신앙의 여정을 함께 나눈다는 건, 영적으로 하나가 되는 데 큰 도움이 된다.

재정 이야기도 빼놓을 수 없다. 자산, 수입, 소비, 저축 등 모든 것을 투명하게 나누어야 한다. 그래야 신뢰가 생긴다. 직장 일과 가사 분담은 미리 말해야 한다. 혼자서만 간직한 막연한 기대는 갈등을 부르기 때문이다. 계획은 언제든 틀어질 수 있다. 하지만 생각을 미리 알아 두면 서로를 더 섬세하게 배려할 수 있다.

일에 대한 이야기도 필요하다. 지금 어떤 일을 하고 있는지, 일에 어떤 태도를 갖고 있는지를 말이다. 그 사람의 일을 이해하는 만큼 그 사람의 삶도 존중하게 된다. 양가 부모님에 대한 이야기도 조심스럽게 꺼내자. 부모님의 성향, 기대, 명절과 생신에 대한 계획들. 가족 이야기는 서로에게 민감할 수 있다. 그러니 언제나 예의를 잊지 말자. 자녀에 대해서도 말해보자. 계획은 있는지, 양육은 어떻게 하고 싶은지. 아직 아이가 없을 때, 이야기하는 게 오히려 더 좋다

함께 즐길 수 있는 취미를 나누는 것도 좋다. 그러나 모든 걸 같이 하려고 애쓸 필요는 없다. 각자의 시간을 존중해 주는 것, 그것도 사랑이다. 어떤 이야기든 차이는 생긴다. 그리고 차이를 좁히려다 보면 갈등도 생긴다. 하지만 그 갈등 안에서 우리는 서로가 어떤 방식으로 차이를 다루는 사람인지 보게 된다.

갈등을 잘 다룰 줄 아는 사람, 그 사람이 결국 좋은 배우자가 된다. 대화를 나눌수록 막막해질 수도 있다. 혹은 더 깊이 사랑하게 될 수도 있다. 어떤 길이든, 선택에는 책임이 따른다. 그 책임을 성실히 감당할 때, 우리는 자란다. 그리고 잊지 말자. 우리가 짊어진 무게 너머 언제나 우리를 붙드시는 하나님이 계시다는 것을.

잘 싸우는 방법

싸우는 것도 습관이다. 자꾸 싸우다 보면, 싸움이 일상이 된다. 한번 굳어진 습관은 고치기 어렵다. 오래된 습관일수록, 고치려면 더 많은 시간과 노력이 필요하다. 그렇다고 갈등이 꼭 나쁜 건 아니다. 친밀한 관계에는 반드시 갈등이 따라온다.

중요한 건, 안 싸우는 게 아니라 잘 싸우는 것이다. 선을 정하고, 넘지 말 것. 감정이 아무리 격해져도 하지 말아야 할 말이 있다. 한 번 넘기 어렵지, 한 번 넘으면 다음엔 그 선을 넘을 때까지 싸운다. "헤어지자"는 말은 정말 헤어질 준비가 다 끝났을 때 해도 늦지 않다. 서로의 가족, 특히 부모님은 농담이라도 건드리지 말자.

달달 볶지 말고 기다려야 한다. 먼저 말하고 싶다면, 상대를 상처 입히지 않을 단어를 골라 예의 있고 조심스럽게 다가가야 한다. 어떤 대답이 돌아와도, 먼저 공감하고, 그다음에 내 감정을 말해야 한다. 공감 없는 설득에는 아무도 귀를 기울이지 않는다.

사람마다 회복하는 데 걸리는 시간이 다르다. "해가 지기 전에 화해하라"는 말, 밤 11시 59분에 꺼내 들지 말자. 그건 내 불안을 해소하려는 일이지, 상대를 배려하는 게 아니다. 때로는 가만히 두어라. 그 시간은 상대방뿐 아니라 나에게도 필요하다.

말하지 않으면 모른다. 삐져만 있으면 아무도 눈치채지 못한다. 무엇이 싫었는지, 어떻게 해주면 좋겠는지 구체적으로 말하라. 혼자 참고 이해하고 끝내지 말고, 그 과정을 나누어야 진짜 '함께'가 된다.

싸울 땐 화해를 염두에 두고, 화해할 땐 싸운 이유를 잊지 말자. 형식적인 화해로 얼버무리지 말고, 서로에 대해 하나라도 배우고 끝내자. "너 때문에"가 아니라 "나는 지금 이런 감정이야"라고 말하자. 감정은 공격이 아니라 설명이어야 한다. 가능하면 둘만 있는 자리에서 싸워라. 가족에게는 상처를 주고, 남에겐 우리의 약점을 쥐여 주는 일이 되지 않도록 하자.

나만 옳다고 믿는 순간, 이 관계는 무너진다. 지혜롭고 성숙한 사람은 '절대', '무조건'이란 말을 쉽게 쓰지 않는다. 이게 '옳고 그름'의 문제인지 '좋고 싫음'의 문제인지 구분해 보자. 옳고 그름은 기준을 조율하면 되고, 좋고 싫음은 마음을 달래 주면 된다. "나를 좀 챙겨줘" 하기 전에 나는 잘 챙겨 주고 있는지 돌아보라. 나는 충분하다고 생각해도 상대는 그렇지 않을 수 있다. 그러니 지혜를 구하자.

"오직 위로부터 난 지혜는 첫째 성결하고 다음에 화평하고 관용하고 양순하며 긍휼과 선한 열매가 가득하고 편견과 거짓이 없나니 화평하게 하는 자들은 화평으로 심어 의의 열매를 거두느니라" (약 3:17-18).

누가 더 잘했는지는 중요하지 않다. 우리는 '이기기 위해' 싸우는 것이 아니라 '평화를 이루기 위해' 싸우는 것이다. 사랑은 모든 것을 이긴다. 하나님의 사랑이 내 안에 온전히 이루어지기를 구하라. 그 사랑은 목숨도 아끼지 않는 사랑이다. 목숨도 아끼지 않는데 자존심 하나, 말 한마디쯤이야 못 버릴 이유가 없다. 싸움을 두려워하지 말자. 또 싸워도 괜찮다. 싸워야 서로를 알고, 싸워야 문제를 해결할 수 있다. 다만, 잘 싸우자.

결혼하면 변한다는데

그렇게 죽고 못 살던 사이였는데, 왜 결혼하고 나면 남보다 못한 사이가 되어 버릴까? 꿀이 뚝뚝 떨어지던 눈빛은 사라지고, 언젠가부터는 눈조차 잘 마주치지 않더라. 노년에도 다정히 손잡고, 서로를 부축하며 걷는 부부, 그런 그림은 너무 이상적인 꿈일까?

결혼만큼 큰 변화를 가져오는 일도 없다. 연애는 한 팀이 될 수 있을지 탐색하는 시간이고, 결혼은 한 팀이 되어 함께 나아가는 시간이다. 연애가 '우리'를 바라보게 했다면, 결혼은 '책임'을 바라보게 한다.

가정을 지키기 위해 시선은 자연스레 서로가 아닌 바깥을 향한다. 마음을 헤아리기보다 문제를 해결하려 든다. 게다가 '가족'이라는 새로운 공동체가 주어진다. 연애 땐 우리 둘이면 충분했지만, 이제는 서로의 가족까지 품어야 한다.

자녀가 태어나면 더 커다란 변화가 찾아온다. 출산과 육아, 호르몬 변화와 늘어난 책임의 무게가 우리를 한껏 지치게 만든다. 그렇기에 마냥 서로만 바라볼 수 없다. 그럴 수 없는 상황이 되어 버린다.

결혼은 우리를 변하게 만든다. 이 변화를 낯설어 하고 거부하면 결혼은 불만으로 가득 찬다. 행복하지 않은 건, 변했기 때문이 아니라 변화를 받아들이지 못했기 때문이다. 물고기를 잡았다고 먹이를 주지 않는 것도 문제지만, 여전히 연애처럼 나만 바라보길 바라는 마음도 가정을 성숙하게 만들기 어렵게 한다.

그렇다고 서로를 소홀히 대해도 된다는 뜻은 아니

다. 가정은 사랑 위에 세워진다. 아무리 튼튼한 울타리를 세운다 해도 그 안이 무너지면 아무 소용 없다. "모든 것 위에 사랑을 더하라 이는 온전하게 매는 띠니라"(골 3:14).

많은 변화 속에서도 서로 듣고, 이해하려고 애써야 한다. 우리의 목적은 단순히 알아 가는 데 그치지 않는다. 서로를 더 깊이 섬기고, 보살피는 자리까지 나아가야 한다. 우리의 노력은 서로를 만족시키기 위함이 아니라 서로가 하나 되기 위함임을 잊지 말자.

강산이 몇 번을 변해도 험한 십자가 붙든 서로의 손을 놓지 말자. 주님 앞에 함께 서서 빛난 면류관을 받을 날을 기대하며, 까맣던 머리에 하얗게 서리가 내려도 서로의 손을 꼭 잡고 걸어가자. 자글자글해진 서로의 손에 입 맞추고 "수고 많았어"라고 이야기하며, 주름 사이에 새겨진 이야기들을 내가 다 안다고 위로할 수 있기를. 그런 아름다운 사랑을 나누는 부부가 되어 가기를.

측은함 그리고 고마움

하나님이 나를 받아 주신 것은 내가 괜찮은 사람이라서가 아니었다. 내가 어떤 사람인지, 어떤 시간들을 통과해 여기까지 왔는지, 그분은 알고 계셨다. 나조차 들여다보기 두려운 상처들, 언제부터였는지도 모르게 곪아 있던 마음의 구석까지. 그래서 정죄하시기보다 먼저 측은히 여기셨다.

안다는 건, 굉장한 일이다. 쉽게 미워할 수 없게 만든다. 왜 그랬는지 알면 왜 그럴 수밖에 없었느지도 보인다. 그러면 밉지 않다. 그저 안쓰럽다. "얼마나 힘들었을까?" "오죽했으면, 그랬을까?" 연민은 감사로 번진다.

"고마워요. 이렇게라도 살아 있어 줘서." "고마워요. 이런 나랑 살아 줘서." 이런 말을 들으면 내가 조금 괜찮은 사람이 된 것 같다. 그래서 더 좋은 사람이 되고 싶어진다. 노력에는 한계가 있지만 갈망에는 한계가 없다. 고마운 사람에게 더 잘해 주고 싶어진다. 당신이 어떻게 하면 더 행복할지를 하루에도 몇 번씩 떠올리게 된다.

측은함과 고마움이 있는 관계는 쉽게 찢어지지 않는다. 얇고 연약하던 사이도 겹겹이 마음을 덧대면 단단해진다. 고마움을 강요하지 않고, 측은함이 동정으로 흘러 오만해지지 않도록 서로를 살핀다. 서로를 안다는 것, 그리고 연민하고, 감사하는 것, 그것이 오래 가는 관계의 진짜 비밀이다.

맞지 않는 신발을 신고 걷다

나는 너를 아직도 모른다. 정확히 말하면, 모르겠다. 네가 누군지, 내가 누군지, 우리는 도대체 어떤 관계를 바라고 있는 건지. 세상 누구보다도 널 잘 안다고 자신했다. 하지만 모두 착각이었다.

네가 어떤 단어에 발끈하는지는 알았지만, 왜 그런 작은 말들에 신경을 곤두세우는지는 알지 못했다. 네가 눈물을 참을 때 어떤 표정인지는 알았지만, 너의 눈이 왜 그렇게 자주 슬퍼 보였는지는 알지 못했다.

그래서 아팠다. 마치 발에 맞지 않는 신발을 억지로 신은 것처럼. 신다 보면 길들여질 줄 알았는데, 내가 너에게 맞추려 했던 건, 내 욕심이었을지도 모른다. 우리는 왜 이토록 오래 함께했음에도 서로에게 길들여지지 못한 걸까. 신지도, 버리지도 못한 채 계속해서 아프기만 한 걸까.

어쩌면 너도 힘들었겠지. 무리하게 늘리려다 찢어져버린 신발처럼, 나라는 사람을 견디느라 지쳤을지도 모른다. 나는 내 발에 생긴 물집만 생각했지, 네 안의 상처는 헤아리지 못했다. 너는 단단한 가죽 구두였는데, 그걸 신고 산을 오르자고 했구나.

나는 너를 몰랐나 보다. 3년 밤낮을 함께하면서도 예수님을 잘 알지 못했던 제자들처럼, 십자가에 어둠이 드리울 때까지도 마음은 다른 곳에 가 있던 그들처럼. 우리도 너무 늦어버린 뒤에야 비로소 서로를 알게 될까?

나는 지금 어디에 서 있을까. 정말 산을 오르고 싶은 걸까, 아니면 너와 함께 있고 싶은 걸까. 찬찬히 들여다본다. 나를, 그리고 너를. 그리고 조심스럽게 말해본다. "다시, 길들여 보자, 우리. 이번엔 아프지 않게. 함께 걸을 수 있도록."

불필요한 싸움을 걸다

내가 당기면 너는 나에게 다가오고, 네가 당기면 나는 너를 따라간다. 우리는 그렇게 관계의 거리를 겨우겨우 지킨다. 그러다 괜히 네 당김에 자존심이 상하는 날이면 나는 더 이상 다가가지 않는다. 서로는 멀어지고, 힘만 든다. 자기밖에 모르는 자존심은 그저 당기기만을 요구한다. 결국 너와 나는 축 늘어진 고무줄처럼 탄성을 잃고, 그저 거리를 유지하는 데만 애쓴다.

그러던 어느 날, 둘 다 포기하지 않고 계속 당기기만

하다 보면 고무줄은 끊어져 버린다. 남는 건 미련과 후회뿐. 한번 끊어진 관계는 좀처럼 회복되지 않는다. 새로운 고무줄을 들고 와도 비슷한 이유로 늘어지고, 다시 끊어진다. 수없이 반복된 후에 남는 건 상처와 잔해들뿐이다. 무엇이 우리를 가깝게 하지 못하게 했을까? 무엇이 이 불필요한 싸움을 자꾸 부추겼을까?

시작은 사소한 자존심이었다. "적어도 너는……." "너마저……." "네가 어떻게 나를……." 지고 싶지 않은 마음, 숙이고 싶지 않은 마음이었다. 그 속을 들여다보면 존중받고 싶은 마음이 있다. 자존감은 스스로를 존중해 줄 때 채워지지만, 자존심은 누군가에게 '받아야' 채워진다. 그래서 자존심이 셀수록 더 쉽게 휘둘린다. 당기는 대로 와 주지 않으면 금세 뿔이 난다. 정작 "내가 미안해" 그 한마디는 **빳빳한** 고개에 막혀 끝내 삼켜 버린다.

서로 존중을 바라기만 한다면 탄성은 금세 사라지고

만다. 멀어지고 싶지 않으면서도 도무지 자존심을 내려놓지 못하는 이유는 너보다 나를 더 사랑하기 때문이다. 나라도 나를 존중해 주지 않으면 너무 초라해질까 두렵고, 내가 무너질까 겁난다. 너와 멀어지고 싶지 않은 마음조차 결국은 너를 위한 마음이 아니라 나를 위한 마음이었다.

그런 우리를 향해 하늘의 영광을 누리시던 예수님은 자존심을 내려놓고 십자가를 지셨다. 복수가 아닌 용서를 택하셨고, 하나님으로서 존중받고자 하는 자존심은 기꺼이 버리셨다. 그러면서도 하나님으로서의 존재 자체는 흔들림 없이 지켜 내셨다. 그 사랑 덕분에 우리는 하나님에게 나아갈 길을 얻을 수 있었다.

나는 그런 사랑을 가지고 있는가? 먼저 존중하고자 하는 사랑, 그것만이 우리 사이를 가깝게 만든다. 우리가 구해야 할 것은 자존심이 아니라 사랑이다.

너라는 우주를 발견하는 기쁨

나는 이 거대한 우주에서 먼지 한 톨쯤 될까. 우리가 아는 건 너무나 작고, 차라리 아무것도 모른다고 말하는 편에 가까울지도 모르겠다.

시간이 쌓일수록 우리는 서로를 알려고 했던 노력을 조금씩 멈춘다. 대신 짐작하고, 판단하고, 넘겨짚는다. 그러면서도 여전히 나를 몰라 주는 너에게 서운해하고, 실망한다. 하지만 문득 스스로에게 묻는다. 나는 나를 얼마나 알고 있는가? 스스로도 잘 모르는 주제에, 너를 안다고 속단하고 나를 알아 달라고 다

그쳤던 건 아닐까.

나는 너를 모른다. 오랜 시간을 함께했지만 너라는 우주를 다 알 수는 없었다. 겨우 조금 알았다 싶으면 또 다른 질문 앞에 서게 된다. 그리고 너 역시 나를 모른다. 수없이 나를 설명하고 보여 주었지만, 그 모든 노력에도 너는 여전히 내가 될 수 없었다.

연인으로 오래 지내도, 결혼이라는 일상은 우리를 또 다른 세계로 데려간다. 같이 살아 본 사이라도 결혼 후에야 알게 되는 모습들이 있다. 평생을 함께 살아도, 서로를 완전히 이해할 수는 없다.

완전한 이해가 사랑의 조건이 될 수는 없다. 사랑은 오히려 이해할 수 없는 너를 받아들이는 일이다. 네 미소의 의미를, 너의 침묵 속 삼킨 말을 내가 지레 짐작하지 않는 것, 내가 모를 수도 있다는 겸손은 너를 섣불리 규정짓지 않도록 도와준다.

사랑은 끊임없이 알고자 하는 마음이다. 너에게 다가가 묻고, 귀 기울이며, 하나 되기를 포기하지 않는 일이다. 모르겠다며 돌아서지 않고 더 알고 싶어 눈을 맞추는 일이다. 갈등이 길어져도 쉽게 낙담하지 않고, 확신에 찬 목소리로 비난하지 않는 것이다.

나는 너를 모른다. 너는 무한한 우주, 형형색색의 오로라, 수많은 음표로 이루어진 악보다. 나는 너를 한마디로 정의하지 않겠다. 무한한 가능성을 지닌 너를 유한한 상자에 가두지 않겠다. 그리고 소망한다. 언제까지나 서로를 새롭게 발견하고 알아 가는 기쁨 안에 함께 살아가기를.

사랑은 이해할 수 없는 너를
받아들이는 일이다

결혼, 나를 알아 가는 시간

나는 누구일까? 어떤 색깔을 가진 사람일까? 어릴 때 한 번쯤 던졌던 이 질문이 나이를 먹을수록 더 자주, 더 깊이 다가온다. "나는 이런 사람이야"라며 자신 있게 내밀던 색깔도 시간이 흐르면 달라진다. 그제야 깨닫는다. 사람은 한두 가지 색으로는 다 설명되지 않는 존재라는 것을.

우리는 비교하고, 모방하고, 때로는 부딪히면서 자신를 알아 간다. 이 여정은 단지 '나'를 뚜렷하게 세우기 위한 것이 아니라 타인을 존중하면서도 나를 지켜 낼 줄 아는 사람이 되기 위한 과정이다. 평생을 다해도 완성되지 않을 이 과정 속에서 내 색을 가꾸는 만큼 타인과의 관계도 더 건강하게 자라난다. 괜찮은 결혼을 바란다면 먼저 내가 괜찮은 사람이 되어야 한다.

타인을 통해 내 부족함을 채우고 싶을 때가 있다. 상대의 색깔에 나의 색을 섞어 '좋아 보이는 사람'이 되고 싶기도 하다. 무조건 상대에게 맞추고, 상대를 닮고 싶어 애쓴다. 그러나 그렇게 얻는 색깔은 오래가지 못한다. 자기 색을 찾지 못한 사람은 불안하고, 조급하고, 결국 상대에게 의존하게 된다. 관계를 망치는 시작은 늘 거기에서 비롯된다. 그러니 잠시 멈춰 서서 내가 누구인지 들여다보자.

기쁘고 슬플 때 나는 왜 그런 감정을 느끼는지, 삶에서 진짜 중요한 가치는 무엇인지, 가족과 친구, 연인 앞에서 나는 어떤 모습을 보이는지, 내 장점과 단점은 무엇인지, 하나님은 그것을 어떻게 바라보시는지,

내가 절대 포기할 수 없는 한 가지는 무엇이며, 그것이 하나님도 기뻐하시는 것인지……. 이런 물음들은 귀찮고, 어렵고, 때로는 아프다. 그러나 포기하지 말자.

내 마음속 어두운 구석을 성령께서 비추실 때, 도망치지 않고 마주할 수 있는 용기를 구하자. 하나님이 창조하신 나만의 아름다운 색깔을 조금씩, 그러나 분명하게 발견해 가자.

사랑을 심으신 분이
사랑을 자라게 하신다

안심해도 괜찮다
우리는 지금,
온전해지는 길 위에 있다

결혼하는 마음
하나님의 가정, 부부, 사랑에 관하여

2025년 6월 30일 초판 1쇄 발행
2025년 7월 10일 초판 2쇄 발행

지은이 한슬기

펴낸이 고태석
디자인 김수진 | 엔드노트
편집　프롬와이
펴낸곳 구름이 머무는 동안

출판등록 2021년 6월 4일 제2022-000183호
이메일 cloud_stays@naver.com
인스타그램 @cloudstays_books

ISBN　979-11-982676-0-3　(03230)

ⓒ한슬기, 2025

- 이 책의 저작권은 저자와 구름이 머무는 동안이 소유합니다.
- 이 책은 신저작권법에 의하여 보호받는 저작물이므로 무단 전재와 복제를 금합니다.
- 이 책의 전부 또는 일부를 이용하려면 반드시 구름이 머무는 동안의 서면 동의를 받아야 합니다.
- 파손된 책은 구입하신 곳에서 교환해 드립니다.